Princípio de compaixão e cuidado

Dados Internacionais de catalogação na Publicação (CIP)
(Câmara Brasileira do Livro, SP, Brasil)

Boff, Leonardo
   Princípio de compaixão e cuidado: Encontro entre ocidente e oriente / Leonardo Boff ; em colaboração de Werner Müller ; tradução de Carlos Almeida Pereira. 4. ed. – Petrópolis, RJ : Vozes, 2009.
   Título original: Prinzip Mitgefühl.
   ISBN 978-85-326-2414-7
   1. Compaixão (Ética) 2. Comportamento de ajuda 3. Cuidados I. Müller, Werner. II. Título.

00-3341   CDD-177.7

Índices para catálogo sistemático:
   1. Compaixão e cuidado : Ética   177.7
   2. Cuidado e compaixão : Ética   177.7

Leonardo Boff
em colaboração com Werner Müller

Princípio de compaixão e cuidado

Encontro entre Ocidente e Oriente

Tradução de Carlos Almeida Pereira

EDITORA
VOZES

Petrópolis

© by Animus / Anima Produções Ltda., 2004
Caixa Postal 92.144 – Itaipava
25750-970 Petrópolis, RJ

Título original alemão: *Prinzip Mitgefühl*

Direitos de publicação em língua portuguesa:
2000, Editora Vozes Ltda.
Rua Frei Luís, 100
25689-900 Petrópolis, RJ
Internet: http://www.vozes.com.br
Brasil

Assessoria Jurídica e Agenciamento Literário:
Cristiano Monteiro de Miranda
(21) 9385-5335
cristianomiranda@leonardoboff.com

Todos os direitos reservados. Nenhuma parte desta obra poderá ser
reproduzida ou transmitida por qualquer forma e/ou quaisquer meios
(eletrônico ou mecânico, incluindo fotocópia e gravação) ou arquivada em
qualquer sistema ou banco de dados sem permissão escrita da Editora.

Diretor editorial
Frei Antônio Moser

Editores
Ana Paula Santos Matos
José Maria da Silva
Lídio Peretti
Marilac Loraine Oleniki

Secretário executivo
João Batista Kreuch

Projeto gráfico: AG.SR Desenv. Gráfico
Capa: Adriana Miranda

ISBN 978-85-326-2414-7

Editado conforme o novo acordo ortográfico.

Este livro foi composto e impresso pela Editora Vozes Ltda.

Sumário

Prefácio à 4ª edição, 7

Prefácio: O princípio com-paixão, 9

I – Uma qualidade única do ser humano, 27

II – Bondade materna e paterna – para todos, 55

III – O desejo de salvar todos os seres sensíveis, 75

IV – Em harmonia com a natureza, 95

V – Origens e motivos, 115

VI – Intenção e ação, 135

VII – Em nome do Deus misericórdia, do Deus compaixão, 149

VIII – Sede compassivos como vosso Criador, 173

IX – Tende compaixão, 195

Fontes, 205

Livros de Leonardo Boff, 217

Índice, 225

Prefácio à 4ª edição

Vivemos uma realidade de sofrimento e de paixão. São milhões e milhões de pessoas passando fome e todo tipo de necessidade. Ecossistemas estão sendo agredidos, florestas estão sendo dizimadas, inúmeras espécies de seres vivos estão desaparecendo e a própria Casa Comum, a Terra, está sendo devastada a ponto de já ter perdido seu equilíbrio interno e mudado a temperatura de seu corpo com o aquecimento global.

Qual é a atitude humana diante dessa via-sacra de padecimentos? A grande maioria da humanidade mostra-se insensível, com traços de crueldade e de impiedade. Nós não somos solidários com os sofredores deste mundo; em sua maioria, vítimas inocentes da voracidade dos que apenas querem enriquecer à custa da miséria das multidões e da pilhagem dos recursos da natureza.

O presente livro quer suscitar nas pessoas duas atitudes profundamente humanas e salvadoras: a compaixão e o cuidado.

Compaixão não é ter pena dos outros, olhando-os de fora ou de cima para baixo. *Com-paixão* é a capacidade de compartir a paixão do outro. O terrível do sofrimento não é tanto o sofrimento em si, mas a solidão nele, sem uma mão que se estende para ajudar, sem um ombro que se oferece para apoiar. Pela compaixão nunca deixamos a pessoa sofrer sozinha; sofremos juntos, caminhamos juntos, mas também nos aliviamos juntos e nos libertamos juntos.

O cuidado representa uma relação amorosa e não agressiva para com o outro; seja pessoa humana, seja algum ser da natureza. O cuidado nasce do envolvimento com o outro e com a preocupação pela sua vida e destino. É uma forma de amor, pois tudo o que amamos também cuidamos; e tudo o que cuidamos também amamos.

Hoje, mais do que nunca, faz-se necessário o cuidado para com a Mãe Terra, para com toda a humanidade – ameaçada até de desaparecer –, para com os animais, as águas, os solos, os ares e os oceanos.

Se não tivermos compaixão e cuidado nessa fase crítica da história da Terra e da humanidade poderemos conhecer tragédias como nunca antes vistas na história.

Cuidado e compaixão estão presentes em todas as tradições espirituais e éticas da humanidade; pertencendo à essência do cristianismo e do budismo. Este livro traz testemunhos de todos os tempos; eles são de grande convencimento e nos incitam a transformá-los em práticas cotidianas.

Leonardo Boff
Petrópolis, Sexta-feira Santa de 2009.

❦ Prefácio
O princípio com-paixão

Três razões principais, entre outras, fazem da com-paixão um tema de relevância atual, razão de ser deste livro: os milhões de pessoas vitimadas pela cruel competição do mercado globalizado; a crescente pobreza e exclusão social em nível mundial, e a sistemática agressão ao sistema Terra, que põe em risco o futuro da biosfera. Vivemos uma autêntica *via-crúcis* de dimensões planetárias. Esta situação produz uma degradação geral da qualidade de vida e, como reação, suscita indignação ética e um sentimento de compaixão por todos os que sofrem. Consideremos rapidamente cada um destes problemas.

1. Atualidade do tema com-paixão

A partir dos anos 80, com a subida ao poder de Margaret Thatcher e Ronald Reagan, se instaurou em todo o mundo o assim chamado fundamentalismo do mercado. De acordo com isto, o mercado é tudo, e dentro de sua lógica encontra-se a solução dos problemas sociais. Foi o fundamentalismo do mercado que conferiu centralidade ao capital financeiro que vive de especulação em nível mundial, arruinando perversamente economias inteiras de países periféricos e fracos. A lógica do mercado reside na competição, e não na cooperação. Quanto mais cresce a competição, tanto mais os valores individualistas de mercado se sobrepõem aos valores sociais de comunidade. Os valores sociais expressam o interesse pelos outros. Pressupõem que o indivíduo esteja inserido em uma família, em uma comunidade, em uma nação e na humanidade, cujos interesses vêm antes dos interesses individuais. Mas uma economia de mercado é tudo, menos uma comunidade. Todos devem cuidar de seus próprios interesses individuais. Num mundo caracterizado pelo individualismo e impiedosamente competitivo, os escrúpulos morais constituem um obstáculo. Os inescrupulosos saem fortalecidos, o que é um dos aspectos mais perturbadores do sistema de mercado global[1]. A globalização do mercado capitalista provoca uma grande centralização de riqueza em megaconglomerados que atuam à sua maneira no ciberespaço das geofinanças. Este ciberespaço forma uma espécie de nova fronteira, um novo território do qual depende o destino de grande parte do mundo. Num mercado que funciona à velocidade da luz e em dimensões planetárias, qualquer deslocamento brutal destes mamutes das finanças pode desestabilizar qualquer país, como ocorreu com o México (1994), com o Sudeste Asiático (1997) e com o Brasil (1999). Funcionam sem contrato social, sem leis e sem sanções. A realidade do poder econômico mundial escapa amplamente aos Estados[2]. As 500 empresas transnacionais mais importantes na lista da revista *Fortune*

---

1. É a tese básica do megaespeculador George Soros. *The Crisis of Global Capitalism*. Nova Iorque: Public Affairs, 1998, especialmente os capítulos 7 e 9; cf. F.J. Hinkelammert. *El grito del sujeto*. San José de Costa Rica: DEI, 1998, p. 177-196.

2. Cf. I. Ramonet. *Geopolítica do Caos*. Petrópolis: Vozes, 1998.

de 1998 controlam 2/3 do Produto Interno Bruto dos EUA e grande parte da economia mundial[3]. A voracidade do capital mundial produz este drama: os que estão no mercado existem; os fracos são apeados dele, e os que não estão não existem. Emerge, assim, o fenômeno da exclusão de países inteiros, por não serem interessantes para os capitais mundiais. Nem têm sequer o privilégio de ser explorados. Por trás desta exclusão há um mar de sofrimento provocado pela instabilidade das economias nacionais, pelo desemprego estrutural, pela fome e por todo tipo de enfermidades. A reação ética mínima frente a esta antirrealidade é a com-paixão com as vítimas.

Este tipo de mercado excludente cria níveis de pobreza mundial jamais vistos. É injusto e impiedoso ver que 20% da humanidade detenham 84% dos meios de vida (em 1970 eram 70%), e os 20% mais pobres tenham que contentar-se com apenas 1,4% (em 1960 eram 2,3%) dos recursos. É injusto e cruel manter mais de um bilhão de pessoas em extrema pobreza e tolerar que 14 milhões de crianças morram antes de completar cinco dias de existência. É injusta e desumana a superexploração de crianças, consumidas como carvão na máquina da produção. Os dados de 1998 da Organização Mundial da Infância são aterradores. Existem no mundo cerca de 250 milhões de crianças que trabalham, muitas com a idade de 5 anos. Na América Latina, 3 entre 5 crianças trabalham; na África, uma entre 3 e, na Ásia, uma de duas[4]. São pequenos escravos, a quem é negada a infân-

---

3. N. Chomsky. A sociedade global. In: *Um olhar sobre a América Latina*. Rio de Janeiro: Oficina do Autor, 1988, p. 154. Entrevistas a Heinz Dietrich.

4. Cf. *Le monde diplomatique*, fevereiro de 1998, p. 1.

cia, a inocência e o sonho. Não admira que tantas crianças sejam assassinadas por esquadrões de extermínio nas metrópoles da América Latina e da Ásia, por perambularem nas ruas e se recusarem ao trabalho forçado.

A exclusão é muito mais grave que a marginalização. Os marginalizados estão dentro do sistema, à margem. Confrontam-se com o subdesenvolvimento e buscam o desenvolvimento através da integração ao sistema. Os excluídos estão fora. São considerados zeros econômicos. Não existem. Estes confrontam-se diretamente com a morte. E morrem antes do tempo. Auschwitz é hoje, é cada dia.

Esta situação de barbárie por grave falta de solidariedade e de cuidado entre os seres humanos evoca a com-paixão como uma realidade relevante e urgente. A este drama é preciso acrescentar a ameaça que pesa sobre o sistema Terra. A aceleração do processo industrial faz com que a cada dia desapareçam 10 espécies de seres vivos e 50 de espécies vegetais[5]. O equilíbrio físico-químico da Terra, construído sutilmente durante milhões e milhões de anos, pode romper-se devido à irresponsabilidade humana. A mesma lógica que explora as classes oprime as nações periféricas e submete a Terra à pilhagem. Não são somente os pobres que gritam, grita também a Terra sob o esgotamento sistemático de seus recursos não renováveis e sob a contaminação do ar, do solo e da água. Esta situação provoca a com-paixão com nosso lar comum, a Terra, sentida pelos povos primitivos como a Grande Mãe e Pachamama, e por eminentes cosmólogos como um superorganismo vivo, Gaia.

---

5. Cf. *The State of Environment Atlas*. Washington, 1997.

Que atitudes deve desenvolver a humanidade para pôr cobro à contínua agressão à Terra e para salvá-la de um possível colapso ecológico? Precisamos de um novo paradigma civilizacional que redefina as relações dos seres humanos para com a vida e a Terra, e que reinvente modos de produção em consonância com a natureza, e não às custas dela. Neste contexto surge a categoria com-paixão como um dos valores fundamentais, capazes de enriquecer o novo paradigma e fundar uma aliança de perene paz com a Terra.

2. O princípio-compaixão: sua fundamentação

Os textos reunidos neste livro nos dão conta da ancestralidade do tema da com-paixão em todos os povos, culturas e tempos. É a mais humana de todas as virtudes humanas. Tomás de Aquino a considera a mais elevada de todas, porque não somente abre a pessoa para a outra, mas porque a abre também para a mais fraca e mais necessitada de ajuda. Neste sentido, constitui uma característica essencial da Divindade[6].

Com-paixão é mais do que um ato ou um conjunto de atos de profunda humanidade em direção ao outro. É uma atitude fundamental, e como tal geradora de atos compassivos. Mesmo a pessoa mais brutal e mais anticomunitária, diz-nos Adam Smith, não está imune à com-paixão[7]. Isto nos leva a pensar que a com-paixão é algo essencial na linha de um princípio em sentido filosófico, que está sempre presente e atuante. Todo princípio tem que ver com a essência

---

6. S.Th. II-II. q.30 a.4 c.

7. *Theorie der ethischen Gefühle* (1759). Hamburgo: Felix Meiner Verlag, 1985, p. 2.

de uma realidade, no caso, a compaixão faz parte da essência ou da natureza da pessoa humana, de seu modo de ser concreto. Então podemos dizer que o ser humano é essencialmente um ser-de-com-paixão. Isto deriva-se da reflexão contemporânea, seja a partir de uma analítica existencial fundamental, seja a partir da consciência dos limites da racionalidade que imperou nos últimos séculos no Ocidente.

a) Sentio ergo sum: Sinto, logo existo

A Modernidade, e de modo geral a cultura ocidental, se caracterizam por seu logocentrismo. A razão organiza tudo, e só se justificam as realidades que perante a razão são consideradas legítimas e socialmente aceitáveis. A razão tem muitas vertentes, a razão hermenêutica, dialética, simbólica, sapiencial e instrumental-analítica. Esta última foi a que predominou soberanamente sobre todas as demais, como exigência da nova ordem do mundo surgida na Europa, a partir dos novos processos da produção, do mercado e do poder político. Ela recalcou as demais, particularmente a subjetividade, os sentimentos, a ternura e a sensibilidade ética. Através do projeto da tecnociência imposto a todas as culturas, a razão analítico-instrumental transformou-se em verdadeira ditadura. Partindo daí, se introduziu nos últimos anos, pelo processo de globalização econômica, o monoteísmo da mercadoria; quase tudo é comercializado e organizado em função da produção e do consumo.

Mas a crítica moderna se deu conta do perigo que significa confiar o destino do homem e a organização da sociedade unicamente a este tipo de razão produtivista. Entregue a si mesma, a razão se faz irracional: pode devastar a humanidade com as armas da destruição em massa e danificar profundamente a Terra. É preciso incorporar outras formas de utilização da razão e abrir espaços para modos diferentes de realizar a natureza humana.

É nesta linha que se orienta a reflexão mais recente. Parte ela do fato de que a realidade é extremamente complexa e não se deixa enquadrar pelo conceito teórico, nem reduzir a fórmulas simples (a ilusão racionalista de uma teoria do todo). Para se ter acesso a ela, necessita-se de sensibilidade, de intuição e de capacidade de comunhão com ela. Particularmente no campo da educação, da medicina, da política e das ciências relacionadas com a vida e a ecologia, tem-se necessidade de algo mais do que o conhecimento científico. Ao lado do *esprit de géométrie* se torna urgente o *esprit de finesse*, como sabiamente o formulou Blaise Pascal. Os recentes conhecimentos da biologia e da aprendizagem como fenômeno biológico e quântico nos convencem de que a linguagem define a singularidade humana[8]. Sua função primária é construir mundos humanos, e é só a partir daí que ela é meio de comunicação.

Nos seres humanos existe mais do que a razão fria, objetivista e calculadora, que se realiza melhor por meio das máquinas inteligentes. Mas nelas falta algo que ocorre no ser humano e que emergiu há milhões de anos no processo evolucionário, quando surgiram os mamíferos, ao número dos quais nos consideramos: o sentimento, a capacidade de emocionar-se, de afetar e de sentir-se afetado. Um computador ou um robô não tem condições de compadecer-se

---

8. Cf. H. Maturana/F. Varela. *Der Baum der Erkenntnis* – Die biologischen Wurzeln des menschlichen Erkennens. Berna/Munique/Viena: Scherz Verlag, 1987; I. Prigogine/I. Stengers. *La nouvelle alliance*. Paris: Gallimard, 1979; D. Zohar. *The Quantum Self*. Londres: Bloombury Publishing, 1990.

com a desgraça de um amigo, nem de pôr a mão sobre o ombro, sentar-se com ele a uma mesa e tomar um copo de vinho para levar-lhe consolo e esperança. Um autômato não tem coração. Mas o ser humano sim, porque pode sentir o pulsar do coração do outro e intuir-lhe as preocupações, e por isso ter com-paixão, chorar e alegrar-se com ele.

Construímos o mundo a partir de laços afetivos. Estes laços fazem com que as pessoas e as situações sejam portadoras de valor. Sentimos responsabilidade pelos laços que nasceram. Enchemo-nos de cuidado com tudo que para nós significa sentido e valor. Não habitamos o mundo somente através do trabalho, mas fundamentalmente através do cuidado e da amorosidade. É aqui que aparece o humano do ser humano.

Daí se conclui que o dado original não é o *logos*, a razão e as estruturas de compreensão, mas sim o *pathos*, o sentimento, a capacidade de simpatia, de empatia, de com-paixão, de dedicação e de cuidado com o diferente. Tudo começa com o *pathos* (sentimento). É ele que nos faz sensíveis e re-ativos a tudo quanto nos envolve. É por ele que sofremos e nos alegramos com os que se alegram e sofrem, que nasce em nós a com-paixão. É por meio dele que acolhemos ou repelimos as pessoas. É ele que produz em nós o encantamento diante da *grandeur* do universo, a veneração frente à complexidade e à beleza da Mãe Terra e o enternecimento frente à fragilidade de uma criança recém-nascida. Lembremos a frase do Pequeno Príncipe de Antoine de Saint Exupéry: "Só se vê bem com o coração (sentimento). O essencial é invisível para os olhos"[9]. Só o que passou por uma

---

9. Antoine de Saint-Exupéry. *O pequeno príncipe*. 23. ed. Rio de Janeiro: Agir, 1984, p. 74 [Trad. de Dom Marcos Barbosa].

emoção ou nos evocou um sentimento profundo é que deixa marcas indeléveis na alma e permanece definitivamente.

A reflexão contemporânea resgatou a centralidade do *pathos*, da com-paixão, do sentimento, do cuidado e da ternura, particularmente a partir da psicologia do profundo e das ciências da vida.

Mais do que o *cogito, ergo sum* (penso, logo existo) cartesiano, vale o *sentio, ergo sum* (sinto, logo existo). Daniel Goleman, em seu *best-seller* mundial *Inteligência emocional*, mostrou com base em investigações empíricas sobre o cérebro e a neurologia o que desde Platão, passando por Santo Agostinho, Schleiermacher até Heidegger já se sabia, isto é, que a dinâmica básica do ser humano é o *pathos*, o sentimento e a lógica do coração, e não a razão. "A mente racional necessita de um ou dois momentos a mais para registrar e reagir do que a mente emocional; o primeiro impulso é do coração, não da cabeça[10]... por isso é necessário equilibrar a racionalidade com a compaixão."[11]

Da física quântica e da cosmologia contemporânea sabemos que a lei mais fundamental do universo não é a competição e o triunfo do mais forte, mas sim a sinergia e a cooperação de todos com todos. Tudo está urdido por uma rede incomensurável de relações energéticas e materiais. Tudo tem que ver com tudo, em todos os momentos e em todas as circunstâncias. Nada nem ninguém pode viver fora destas relações. A própria matéria não pode ser vista como estática e inerte, mas sim como algo que se caracteriza pela re-atividade, pela criatividade e pelo diálogo. A hominização ocorreu,

---

10. Editora Objetiva, Rio de Janeiro, 1995, p. 309.
11. Prefácio à edição brasileira, p. 11.

não quando os proto-hominídeos inventaram o instrumento tecnológico para garantir sua existência individual, mas sim, como nos dizem os bioantropólogos, quando começaram a repartir solidariamente entre si o alimento que procuraram juntos. A partir deste gesto de cooperação desenvolveu-se a *Urgemeinschaft*. Esta dinâmica de solidariedade e cooperação está na base da com-paixão[12].

Concluindo esta parte, podemos dizer: a razão não é tudo, nem explica tudo. Ela remete a algo mais fundamental e originário, que é o sentir, o sentir-se afetado e afetar, e o viver como con-viver em cooperação.

b) O ser humano como um ser-de-cuidado e de com-paixão

Vamos considerar agora uma analítica existencial mínima a partir da qual apareça o lugar axial da com-paixão. Tomamos como referência Martin Heidegger, em seu *Sein und Zeit*. Aí ele afirma que a base última da existência, o *Lebenswelt* concreto das pessoas, é seu ser-no-mundo-com-outros.

Quando dizemos ser-no-mundo, não estamos expressando uma determinação geográfica, como estar na natureza, juntamente com árvores, animais e outros seres humanos. Isto pode estar incluído, mas ser-no-mundo supõe algo mais abrangente. Significa uma forma de ex-istir que é sempre co-existir, uma forma de estar presente e de relacionar-se com todas as realidades circundantes. Neste jogo de inter-retro-relações, o ser humano vai construindo sua pró-

---

12. Cf. M. Fox. *A Spirituality named Compassion*. San Francisco: Harper & Row, 1990, especialmente o capítulo 5: Science, Nature and Compassion, p. 140-175.

pria identidade junto com outros que compartilham do mesmo ser-no-mundo.

Uma determinação básica, entre outras, do ser-no-mundo-com-outros é o cuidado[13]. Cuidado é assumido por Heidegger em seus dois sentidos fundamentais intimamente interligados: como atitude de solicitude, de atenção e de dedicação pelo outro, e de preocupação e inquietação por ele. A pessoa que tem cuidado sempre sente-se afetada e afetivamente ligada ao outro.

"Em sua essência", escreve Heideger, "ser-no-mundo é cuidado"[14]. E acrescenta: "Do ponto de vista existencial, o cuidado é encontrado *a priori*, antes de toda atitude e situação do ser humano, o que significa dizer que ele se acha em toda atitude e em toda situação de fato"[15]. Mesmo realidades tão fundamentais como o querer e o desejar se encontram enraizadas no cuidado. O cuidado significa "uma constituição ontológica sempre subjacente"[16] a tudo quanto o ser humano faz. É ele que fornece o solo sobre o qual se move toda interpretação do ser humano. Na fábula 220 Higino sobre o cuidado, analisada detalhadamente por Heidegger, aparece claramente que o cuidado forma a substância do ser humano. Ele deve ser definido como um-ser-de-cuidado[17].

---

13. *Ser e tempo*. 9. ed. Petrópolis: Vozes, 2000, todo o capítulo 6, §§ 39-44.

14. Id., § 41.

15. Id., § 41.

16. Id., § 42.

17. Id., § 42; cf. meu livro *Saber cuidar*. Ética do humano – compaixão pela terra. 6. ed. Petrópolis: Vozes, 2000.

Se o cuidado é a constituição ontológico-existencial mais original do ser humano[18], então ele oferece a base mais segura para entender a compaixão em seu sentido fundamental. Ela aparece como uma das concretizações e irradiações do cuidado. De fato, a com-paixão não é um sentimento menor de "piedade" para com os que sofrem. Como o mostrou o budismo, e como Gandhi o mostrou politicamente, a compaixão não é passiva, mas sim altamente ativa. Com-paixão – como sugere a filologia da palavra – é a capacidade de compartilhar a própria paixão com a paixão do outro. Trata-se de sair de si mesmo e de seu próprio círculo e entrar no universo do outro enquanto outro, para sofrer com ele, para cuidar dele, para alegrar-se com ele e caminhar junto a ele, e para construir uma vida em sinergia e solidariedade[19].

Em primeiro lugar, esse modo-de-ser acarreta comoção frente ao outro, vontade de cuidar dele, de devotar-lhe dedicação, a fim de lhe aliviar o sofrimento, ou para que ele não sofra. Com-paixão é preocupação com a vida do outro. Implica uma relação de total renúncia ao poder sobre ele. No limite, significa rejeição a matar qualquer ser vivo e recusa a todo tipo de violência contra a natureza. Positivamente, como formulou Albert Schweitzer em sua ética baseada na com-paixão e na reverência frente à vida: *Ética é a responsabilidade ampliada ao infinito em relação a tudo quanto possui vida... Bom é conservar a vida e favorecê-la; mau é destruir e impedir a vida*[20].

---

18. *Ser e tempo*, l.c., § 44 c.

19. É a perspectiva básica do sistema moral de Arthur Schoppenhauer, *Preisschrift über die Grundlage der Moral* (1840), Bd. III der Sämtliche Werke, Darmstadt Buchgesellschaft 1974.

20. Die Ethik der Ehrfurcht vor dem Leben. In: *Kultur und Ethik*. Munique: Beck, 1955, p. 229-231.

Em segundo lugar, a com-paixão busca construir comunhão a partir dos que mais sofrem, ou dos que, por incontáveis razões, são penalizados pela vida. Somente começando por eles é que se abre a porta para uma sociedade realmente includente e integradora, na qual a cooperação tem mais valor do que a competição.

Do ponto de vista histórico, a com-paixão, como princípio gerador de um sentido global de vida, representa a contribuição maior que o budismo ofereceu à humanidade. Ela é considerada a virtude máxima da pessoa histórica de Siddharta Gautama, o Buda.

A compaixão (Karuna) se insere dentro da experiência-fonte do budismo. Nele se articulam dois movimentos distintos, porém complementares: o desapego total do mundo e o cuidado essencial com o mundo. O primeiro, o desapego, se realiza mediante a ascese. O segundo, o cuidado, se realiza mediante a com-paixão. Pelo desapego o ser humano se liberta da escravidão do desejo de posse e de acumulação. Pelo cuidado ele se religa ao mundo afetivamente, assumindo responsabilidade por ele. Os seres da natureza não são vistos como concorrentes na luta pela vida, mas sim como *partners*, parceiros, com os quais é preciso compartilhar o espaço vital[21].

No hinduísmo, temos a *ahimsa*, que corresponde à com-paixão budista e significa "não machucar". É uma atitude radical de não-violência pela qual se procura evitar todo tipo de sofrimento ou constrangimento a outros seres. Os textos sagrados desta tradição ensinam a tratar cada ser

---

21. Cf. *Quellen des Yoga*. Bonn/Munique/Viena: Scherz/Barth, 1986, p. 112.

como tratamos nossas crianças, com extremo cuidado e carinho. Gandhi foi o gênio moderno da "ahimsa", mostrando sua eficácia nos processos de luta contra a opressão e como forma de fazer política, atitude amorosa para com o povo, como tão belamente ele dizia[22].

A tradição do Tao conhece o "Wu Wei" (não-fazer). Trata-se de não interferir na dinâmica da natureza, deixar ser e desenvolver uma atitude ativa de harmonização com a medida que cada coisa revela. Esta virtude obriga o ser humano a lutar contra sua vontade de dominação e possessão. Em seu lugar entra a comunhão com as coisas. Comer é mais do que consumir, é comungar com a excelência da natureza[23].

O judeu-cristianismo conhece a "rahamim", a com-paixão sob a forma de misericórdia. Em hebraico significa "ter entranhas" e por elas sentir a realidade do outro, particularmente daquele que sofre. Significa, portanto, con-sentir mais do que entender, é mostrar a capacidade de identificação e de com-paixão com o outro. A misericórdia é considerada a característica básica da experiência espiritual de Jesus. Ele unia a paixão por Deus à com-paixão pelos pobres. Seu Deus, que ele chama de Pai, tem características de Mãe que perdoa e acolhe em seu seio. As parábolas do bom samaritano (Lc 10,30-37) e do filho pródigo (Lc 15,11-32) mostram o movimento da misericórdia divina: sair de si e ir

---

22. Cf. Mahatma Gandhi. *Handeln aus dem Geist.* Herder, Freiburg: 1977.

23. Cf. L. Schmithausen. Buddhismus und Natur. In: R. Panikkar/W. Strolz (ed.). *Die Verantwortung des Menschen für eine bewohnbare Welt im Chistentum, Hinduismus und Buddhismus.* Freiburg: Herder, 1985, p. 100-133; cf. J. Blofeld. In: *Search of the Goddes of Compassion.* Londres: Thorsons, Harper Collins Publishers, 1997, especialmente o capítulo 3.

ao encontro do outro. Como dizia acertadamente Heinz Zahrnt em relação à parábola do filho pródigo: *A virada decisiva não está no retorno do filho para o pai, mas sim no voltar-se do pai para o filho*[24].

A partir de sua experiência de Deus Pai-Mãe misericordioso, Jesus fundamenta sua ética na misericórdia. É por ela que os seres humanos se apropriam da salvação. No momento supremo da vida, o que conta é a misericórdia[25]. Sem misericórdia e com-paixão não existe vida eterna para ninguém (cf. Mt 25,36-41).

O Salmo 103 expressa a centralidade do Deus-misericórdia: "O Senhor é compassivo e clemente, não está sempre acusando nem guarda rancor para sempre; como um pai, sente com-paixão por seus filhos e filhas, porque ele conhece nossa natureza e se lembra de que somos pó. A misericórdia do Senhor é desde sempre e para sempre" (v. 8-17).

3. O resgate da dimensão de *anima*

Não basta fundamentar a dimensão de *pathos* e de *cuidado*, de onde a com-paixão nasce. Temos necessidade de um processo de reeducação do ser humano, para que suscite em si esta dimensão. Um dos efeitos mais perversos da ditadura da razão instrumental-analítica foi operar uma espécie de lobotomia no ser humano. Isto o fez insensível à dor dos outros, surdo às mensagens do universo e de todas as coisas, e indiferente frente à sacralidade do mistério do

---

24. Der Gnädige und Barmherzige. In: R. Walter (ed.). *Die hundert Namen Gottes*. Freiburg: Herder, 1985, p. 99.

25. Cf. J. Sobrino. *O princípio misericórdia* – Descer da cruz os povos crucificados. Petrópolis: Vozes, 1994 [toda a primeira parte].

mundo. Estrangulou-se a capacidade de enternecimento, de encantamento e de reverência diante da profundidade da vida e de sua complexidade[26]. Numa palavra, recalcou-se a dimensão de *anima* do ser humano.

Por dimensão de *anima*, que existe como princípio no homem e na mulher (também existe o princípio *animus*), entendemos a capacidade de se ter cuidado em tudo quanto se faz, de sentir, de desenvolver a subjetividade, de ter com-paixão, de perceber o Espírito perpassando todas as coisas, de captar nas partes uma totalidade integradora[27]. É o princípio *anima* que faz do homem um ser espiritual, um ser ético, capaz de responsabilidade, de veneração e de respeito. Esta atitude impõe limites à voracidade do poder sobre a Terra e sobre as pessoas, abre os olhos para ver a Terra como algo vivo, Gaia e Mãe, e não como algo inerte, repositório de recursos materiais para serem utilizados pelo ser humano, e abre o coração para vislumbrar a sacralidade do universo[28].

4. Conclusão: o princípio-com-paixão e a globalização

Inicialmente consideramos a *via-crúcis* da situação mundial, que impunha a exigência de com-paixão com tantas

---

26. Cf. o importante livro do psicanalista colombiano L.C. Restrepo. *El derecho a la ternura*. Bogotá: Arango Editores, 1994.

27. Cf. as implicações filosóficas e antropológicas desta questão em L. Boff. *Das mütterliche Antlitz Gottes* – Ein interdisziplinärer Versuch über das Weibliche und seine religiöse Bedeutung. Düsseldorf: Patmos, 1985, p. 56-71.

28. T. Berry/B. Swimme. *The Universe Story* – From the Primordial Flaring Forth to the Ecozoic Era. San Francisco: Harper San Francisco, 1992, p. 240-261; cf. L. Boff. *Unser Haus die Erde*. Düsseldorf: Patmos, 1996, p. 186-224.

vítimas e com o sistema-Terra sistematicamente agredido. O princípio-compaixão se presta a criar uma nova atitude do ser humano, de mais benevolência e de solidariedade. O que sofre possui uma autoridade indiscutível, como o sublinha com razão J.B. Metz[29], porque ele fala ao profundo de cada ser humano, toca aquelas instâncias em que a essência humana vigora como *pathos*, cuidado e com-paixão essencial. A com-paixão frente ao sofrimento alheio possui a virtude de colocar sobre o mesmo terreno as religiões, as culturas e as políticas das nações, por mais diferentes que sejam. Todas são convocadas a saírem de seu círculo e a se encontrarem no serviço do que sofre e da Terra que sangra.

A globalização significará um avanço na realização da espécie humana e um novo patamar para a história do sistema-Terra se ela for feita através de uma ética da com-paixão e do cuidado por tudo quanto existe e vive. Sem esta ética, a globalização econômica pode levar-nos ao destino dos dinossauros. Mas a economia submetida à ética e a ética articulada com a espiritualidade podem permitir um parto feliz de um novo paradigma civilizacional que supomos mais sensível, mais cordial e mais espiritual, capaz de garantir um futuro promissor para a Terra e os filhos e filhas da Terra, os seres humanos.

Leonardo Boff

---

29. Im Eingedenken fremden Leids. In: *Gottesrede*. Münster: LIT, 1996.

I
Uma qualidade única do ser humano

Medeia: uma pessoa torturada

Eurípides, com sua *Medeia*, é o primeiro a apresentar um ser humano que desperta a compaixão unicamente por ser uma pessoa torturada: esta bárbara sem direitos não possui em seu favor senão o direito puro e simples do ser humano. Mas esta Medeia é também ao mesmo tempo a primeira pessoa cujo pensar e sentir é explicado unicamente a partir da alma humana, e que, embora sendo bárbara, se avantaja aos demais pela formação espiritual, pelo saber-falar. Quando o ser humano pela primeira vez se mostra independente dos deuses, logo transparece também o poder do espírito humano autônomo e a invulnerabilidade da exigência humana do direito.

Bruno Snell, A *descoberta do espírito*

"Ouvi o lamento de triste mulher!"

Coro: Ouvimos a voz,
Ouvimos o grito
Da pobre estrangeira; quando há de calar?
Chegou-nos do átrio,
Entrou pelas portas
Em nossas moradas.

A dor de tua casa jamais nos alegra,
Preservamos a amizade.

Ama: Aqui não é mais casa,
Que tudo acabou.
No palácio o senhor tem seu leito,
Lá dentro a mulher se consome de mágoa,
Nenhuma palavra amiga a pode consolar.

Medeia, de dentro: Oh, oh!
Raio do céu,
Atinge esta cabeça,
Encerra uma vida inútil,
Uma vida terrível!
Vem, ó morte,
Desata os laços!

Coro: Ouvi, ó Zeus, ó terra, ó luz,
Ouvi o lamento
De uma mulher solitária!
Em vão, ai, chamas de volta
O campo desaparecido,
Invocas a morte!
Ó, não peças isto!
Não deixes o esposo tão amargamente
Vingar o novo leito!
Zeus é por ti, por ti é o direito!
Não te consumas em lágrimas pelo antigo leito!

Medeia, de dentro:
Deusa da justiça, antiga Ártemis,
Que com sagrados juramentos
A mim ligastes o esposo,
Vede o que eu sofro!
Dai-me ver a queda do homem,

A queda da noiva e de toda a sua casa!
Eles começaram!
Soltaram os crimes!
Ó pai, ó pátria,
Que eu traí!
Irmão que tão vergonhosamente eu matei!
Ama: Ouvis a palavra, seu grito
Ao direito e ao deus do juramento?
Não é em coisas pequenas
Que esta ira se irá descarregar.
Coro: Ó, se aparecesse ante nossos olhos,
Se escutasse a palavra de advertência!
Não cessaria a ira,
Os maus pensamentos?
Amigos fiéis
Não lhe hão de faltar!
Vai buscá-la, retira-a de casa,
Diz-lhe palavras de amor!
Apressa-te, antes que em casa provoque uma dor!
Ó, esta nuvem cada vez mais próxima!
Ama: Desejo fazê-lo, mas temo o fracasso.
Por vós ousarei.
Ai, o olhar de leoa
Com que nos encara,
Quando lhe dirigimos a palavra.
Saindo
Estultos chamaremos, não sábios,
Aqueles que os cantos gloriosos criaram
Ao tinir das taças, ao sabor do banquete.
Ninguém conseguiu com o canto e com a lira
banir os tormentos estígios da morte,
Onde casas brilhantes se afundam na noite.

Que devem os cantos as dores curar!
Por que nos banquetes cantores se esforçam,
Onde tantos manjares os ânimos exaltam?

Coro: Ouvi o suspiro da queixa,
O ai e o lamento
Da mulher rejeitada.
A deusa dos votos sagrados
A invoca por testemunha da injustiça,
Deusa que a raptou
Sobre os mares noturnos
À entrada do Ponto salgado,
Às praias de nosso país.

Eurípides, *Medeia*, Cântico de entrada (V, 132-212)

"Que tormento enviaste aos homens!"

Coro
Primeira estrofe
Levanta os olhos, mãe Terra!
Abaixa os olhos, raio do sol,
Antes que a infeliz mulher
Ponha sobre os filhos sua mão sanguinária!
De teu sêmen dourado
Ela surgiu –
Ao sangue divino
Ameaça a morte por mão humana.
Salva, ó luz divina,
Segura o braço,
Espanta da casa esta morte,

Expulsa a sede de sangue
Dos espíritos da vingança!

Contraestrofe
Em vão decorreu todo esforço,
Em vão deste à luz os amados,
Passaste o inóspito vale
Do negro e voraz portal do rochedo!
Fogo de horrível rancor
Caiu sobre ti –
Ai, só o sangue
Consegue este fogo apagar!
O peso da morte do próprio sangue
Repousa sobre a terra,
Recai sobre o matador,
Clama a vingança dos deuses
Sobre casas inteiras!

Segunda estrofe, contraestrofe

[...]

Só uma, que eu saiba, só uma de antanho
Pôs a mão
Sobre os próprios filhos:
A veloz Ino, vítima da ilusão,
Pela esposa de Zeus banida e enganada,...
Ó fonte tormentosa,
Ó rios de tormento
Que fizeste cair sobre os homens!

Eurípides, *Medeia*, 6º Canto (v. 1251-1292)

Três grupos de pessoas

Devemos ver os seres humanos como [pertencentes a] três [grupos], porque existem os ínfimos, os médios e os mais excelentes. Suas qualidades características, [que são] bem claras, desejo descrever de acordo com as diferenças dos diversos [grupos].

Os que, com todos os meios possíveis, buscam interesseiramente só as alegrias do mundo, devem ser entendidos como os ínfimos.

Os que dão as costas às alegrias do mundo e que [no seu] caráter, distanciando-se de atos pecaminosos, buscam apenas o próprio repouso, chamaremos os médios.

Os que, com base no sofrimento, desejam sobretudo na corrente de [sua] existência que os sofrimentos dos outros [seres vivos] deixem inteiramente de existir, são os mais excelentes.

A estes santos seres, que cultivam o desejo da iluminação mais excelente, quero mostrar o método correto apresentado pelos mestres.

Athisha (982-1054), *Luz sobre a via da iluminação*

Querer bem a todos os seres

Assim procederá quem busca a salvação
depois de conhecer a calma e o silêncio:
Que seja forte, reto, imperturbável,
(mas) calmo e acessível, banido o orgulho.

Humilde (seja ele), fácil de contentar-se,
modesto, não inquieto, mas prudente,

controla seus sentidos; nas famílias
não é exigente, facilmente fica satisfeito.

Não volta seu pensar para objetivos menores,
que sobre ele atraiam a censura dos sábios:
Aos seres *todos* seja bem e paz,
que *todos* sejam (plenamente) felizes!

Quaisquer que sejam os seres que têm vida,
quer andem se arrastando ou bem firmados,
quer de baixa estatura ou muito altos,
pequenos, médios, fracos, resistentes,

quer apareça ou viva às escondidas,
quer viva perto ou permaneça longe,
seja nascido ou ainda em gestação –:
Que os seres *todos* possam ser felizes!

Jamais deve ele injuriar o outro
nem desprezar ninguém, seja quem for;
por raiva ou inimizade não se deve
buscar ao outro o mal nem a desgraça.

Como uma mãe, que ao próprio filho único
protege, mesmo ao preço de sua vida,
deve ele para *todos* os viventes
manter o espírito livre de barreiras.

A todo mundo há de mostrar bondade
e libertar o espírito de limitações,
para cima ou para baixo ou para os lados,
seja ele livre de ódio e inimizade.

Quer sente-se ou se deite, quer pare ou caminhe:
sem ao cansaço sucumbir jamais,

esta a atitude que há de cultivar:
E que "atitude de Brahma" nós chamamos.

Sem aceitar qualquer opinião falsa
vinda de outros, e que ele reconheça,
Terá vencido a busca por prazeres;
Não voltará a nascer mais uma vez.

Meta-Suta (Suta da bondade)

A mais bela oração

Piedade sem limites para com todos os seres vivos é a mais firme e mais sólida garantia para um bom comportamento moral, sem que se tenha que apelar para nenhuma casuística. Quem dela estiver imbuído com certeza não há de ferir, prejudicar nem causar dor a ninguém, antes há de ter cuidado com todos, perdoando a todos, ajudando a todos, na medida em que é capaz, e todas as suas ações hão de trazer a marca da justiça e do amor às pessoas. Porém, tentemos dizer assim: "Este é um homem virtuoso, mas que não conhece piedade". Ou: "É uma pessoa injusta e má; mas é muito compassivo" – logo se perceberá a contradição. – Os gostos são diferentes; mas eu não conheço nenhuma oração mais bela do que aquela com que... se concluem os espetáculos indianos antigos. Ela diz o seguinte: "Que todos os seres que têm vida fiquem livres de dores!"

Arthur Schopenhauer, *O fundamento da moral* (1840)

Tomar a peito o sofrimento alheio

Ao invés, a *bondade de coração* consiste profundamente numa sentida e universal compaixão para com tudo quanto possui vida, mas em primeiro lugar para com o ser humano; porque com o aumento da inteligência caminha no mesmo passo a sensibilidade para o sofrimento: por isso os inúmeros sofrimentos espirituais e corporais da pessoa despertam com muito mais força a compaixão do que a dor meramente corporal, e mesmo a dor mais surda do animal. Desta forma, a bondade do caráter há de impedir primeiramente toda ofensa ao outro, onde quer que seja, mas depois há de impelir também a ajudar, onde quer que um sofrimento alheio se manifeste. E também aqui se pode chegar tão longe quanto a maldade na direção oposta, ou seja, que os caracteres de rara bondade tomam a peito o sentimento alheio mais do que o próprio e por isso fazem sacrifícios pelos outros, pelos quais eles próprios sofrem mais do que sofreram antes os que por eles foram ajudados.

Arthur Schopenhauer, *O fundamento da moral* (1840)

Amor de mãe

Então duas prostitutas foram para junto do rei e se colocaram na sua presença. Uma das mulheres tomou a palavra: "Com licença, Majestade! Eu e esta mulher estamos morando na mesma casa; eu tive um filho enquanto ela estava em casa. Três dias depois de eu ter dado à luz também esta mulher teve um filho. Estávamos só nós duas. Não havia nenhum estranho conosco na casa, além de nós duas. Ora, morreu o filho desta mulher durante a noite, pois ela se tinha deitado sobre ele. Aí ela se levantou de noite, enquanto esta tua criada estava dormindo, tirou o meu filho de junto de mim e o colocou no seio dela, e o filho dela que estava morto o pôs no meu seio. De manhã, quando me levantei para amamentar o meu filho, vi com surpresa que estava morto; mas quando o examinei mais de perto, reparei que não era o filho que eu tinha dado à luz". A outra mulher contestou: "Não é verdade! É meu filho que está vivo, e o teu é que está morto!" Mas a primeira replicou: "Mentira! Teu filho está morto e é o meu que está vivo!" Desta maneira elas discutiam diante do rei. O rei respondeu: "Esta afirma que seu filho está vivo e o da outra está morto, mas a outra afirma que não é verdade, pois o filho da outra estaria morto e o seu é que estaria vivo". Então o rei deu esta ordem: "Trazei-me uma espada!" Quando trouxeram a espada para junto do rei, ele disse: "Cortai em dois pedaços a criança viva e dai uma metade a uma e a outra metade à outra". Então a mulher cuja criança estava viva sentiu fortemente o amor materno para com o filho e disse ao rei: "Por favor, meu senhor, dai a ela a criança viva, e não a mateis!" Mas a outra dizia: "Não seja nem para mim nem para ela: cortai-a em dois pedaços". Então o rei tomou a palavra e disse: "Dai à primeira o menino vivo! Não o mateis, pois ela é a mãe". Quando todo Israel ouviu a sentença que o rei tinha pronunciado, foram tomados de assombro diante do rei, porque viram que no seu coração havia sabedoria divina e capacidade para administrar a justiça.

1º Livro dos Reis 3,16-28

A origem de todo agir

Ahimsa [não-violência] é um princípio abrangente. Somos inermes mortais, envolvidos pelo incêndio de *himsa* [violência]. Quando se diz que a vida vive da vida, há nisto um profundo sentido. O homem não pode viver um só momento sem exteriormente, consciente ou inconscientemente, praticar *himsa*. O simples fato de ele viver – comer, beber, mover-se externamente – inclui necessariamente um pouco de *himsa*, destruição de vida, por *pequena* que seja. Por isso um adepto da *ahimsa* permanece fiel à sua fé quando todo o seu agir nasce da compaixão, quando da melhor maneira que lhe for possível ele evita a destruição do menor ser vivo, busca salvá-lo, e assim esforça-se constantemente por se libertar do mortal envolvimento com *himsa*. Por isso ele há de crescer constantemente em autodisciplina e compaixão, mas ficar inteiramente livre de *himsa* externa ele nunca pode.

Mahatma Gandhi, *Agir a partir do espírito*

Paixão teatral e compaixão verdadeira

Arrebatavam-me os espetáculos teatrais, cheios de imagens das minhas misérias e de alimento próprio para o fogo das minhas paixões. Mas, por que quer o ser humano *condoer-se*, quando presencia cenas dolorosas e trágicas, se de modo algum deseja suportá-las? Todavia, o espectador anseia por sentir esse sofrimento, que, afinal, para ele constitui um prazer. Que é isto senão rematada loucura? Com efeito, quanto mais cada um se comove com tais cenas, tanto menos curado se acha de tais afetos deletérios. Mas ao sofrimento próprio chamamos ordinariamente desgraça, e à comparticipação das dores alheias, compaixão. Que compaixão é essa em assuntos fictícios e cênicos, se não induz o espectador a prestar auxílio, mas somente o convida à angústia e a comprazer ao dramaturgo, na proporção da dor que experimenta? E, se aquelas tragédias humanas, antigas ou fingidas, se representam de modo a não excitarem a compaixão, o espectador retira-se enfastiado e criticando. Pelo contrário, se se comove, permanece atento e chora de satisfação.

Amamos, portanto, as lágrimas e as dores. Mas todo ser humano deseja o gozo. Ora, ainda que a ninguém apraza ser desgraçado, apraz-nos contudo o ser compadecidos. Não gostaremos nós dessas emoções dolorosas pelo único motivo de que a compaixão é companheira inseparável da dor? A amizade é a fonte destas simpatias. Mas para onde se dirige? Para onde corre? Por que se despenha na torrente de pez a ferver e nas vagas alterosas das negras paixões, onde voluntariamente se transforma e se aparta da serenidade celeste, que o ser humano abandonou e repudiou? Logo, deve-se repelir a compaixão? De modo nenhum. Convém, portanto, amar, alguma vez, as dores. Mas acautela-te da impureza, ó minha alma, sob a proteção do meu Deus, do Deus dos nossos pais, digno de louvor e honra por todos os séculos (Dn 3,52); foge da impureza. Agora nem por isso me fecho à compaixão. Mas, em tempos passados, compartilhava no teatro da satisfação dos amantes que mutuamente se gozavam pela torpeza, se bem que espetáculos destes não passassem de meras ficções. Quando se desgraçavam, eu piedosamente me contristava. Numa e noutra coisa sentia prazer. Hoje, porém, compadeço-me mais do homem que se alegra no vício do que daquele que pungentemente sofre com a perda do prazer funesto, ou com a privação duma miserável felicidade. Esta piedade é mais real. Porém a dor não encontra nela prazer algum. Ainda que o dever da caridade aprove que nos condoamos do infeliz, todavia aquele que fraternalmente é misericordioso preferiria que nenhuma dor houvesse de que se compadecesse. Se a benevolência fosse malévola – o que é impossível –, poderia aquele que verdadeira e sinceramente se inclina aos sentimentos de compaixão desejar que houvesse infelizes para se compadecer. Em certos casos podemos, pois, aprovar que haja alguma dor, mas nunca a podemos amar. Portanto, Senhor, Deus meu, amais as almas com amor infinitamente mais puro que o nosso, vós vos compadeceis, sem perigo de corrupção, porque não sois ferido por dor alguma. "Quem será capaz disso?" (2Cor 2,16).

Mas eu, miserável, gostava então de me condoer, e buscava motivos de dor. Só me agradava e me atraía com veemência a ação do ator quando, num infortúnio alheio, fictício e cômico, me borbulhavam nos olhos as lágrimas. Que admira, pois, que eu, infeliz ovelha desgarrada do vosso rebanho e renitente à vossa guarda, me afeiasse com ronha hedionda? Disto provinha o meu afeto pelas emoções dolorosas, só por aquelas que me não atingiam profundamente, pois não gostava de sofrer com as mesmas cenas em que a vista se deleitava. Comprazia-me com aquelas coisas que, ouvidas e fingidas, me tocavam na superfície da alma. Mas, como acontece quando remexemos (uma ferida) com as unhas, este contato provocava em mim a inflamação do tumor, a podridão e o pus repelente. Tal era a minha vida! Mas isso, meu Deus, podia chamar de vida?

Agostinho, *Confissões*

Compaixão e dor

Compaixão é o com-padecer-se com o sofrimento do outro. Por isso a compaixão se dirige sempre para o outro, e não para a pessoa mesma, a não ser por uma certa semelhança, exatamente como a justiça; na medida em que no ser humano se distinguem as diferentes partes [da alma] (Aristóteles). Sobre isto lemos em Eclo 30,24: "Compadece-te de tua alma, se quiseres agradar a Deus". Assim, pois, como não existe em sentido próprio compaixão consigo mesmo, mas apenas dor, p. ex. quando experimentamos em nós alguma crueldade, assim também com as pessoas que nos estão ligadas a ponto de serem quase como um pedaço de nós, p. ex. com os filhos ou os pais temos não tanto compaixão com seu sofrimento, mas sim experimentamos dor como se fosse uma ferida própria. E neste sentido diz o filósofo que "o horror suspende a compaixão".

Tomás de Aquino, *Suma teológica*

Uma virtude

Compaixão significa dor pelo sofrimento alheio. Mas esta dor pode significar de certo modo um movimento do impulso sensitivo. E quando considerada assim, a compaixão é paixão, e não virtude. – Considerada de outra maneira, pode significar um movimento do impulso racional [isto é, da vontade], na medida em que o sofrimento de outro nos causa aflição. Mas este movimento pode ser governado pela razão; e então, através deste movimento governado pela razão, pode por sua vez ser governado o movimento do impulso mais baixo. E desta maneira diz Agostinho: "Este movimento da alma", isto é, a compaixão, "serve então à razão, quando mostramos compaixão de modo a ser preservada a justiça, não importando se dividimos com um necessitado ou se perdoamos a um penitente". Mas como a essência da virtude humana consiste em que o movimento da alma é governado pela razão, segue-se que a compaixão é uma virtude.

Tomás de Aquino, *Suma teológica*

Os tormentos de uma mãe

Como são grandes os tormentos de uma mãe quando ouve os gemidos de seu filhinho, que sob as dores da doença não consegue expressar o que sente. Imaginando o que o filho sofre, em pensamentos ela associa o desamparo real da criança à sua consciência deste desamparo e ao seu próprio pavor diante das consequências desconhecidas que este mísero estado pode acarretar; e de tudo isto ela constrói em sua própria mágoa a mais completa imagem da miséria e da desolação. O filho, entretanto, sente apenas o incômodo do momento presente, que nunca pode ser grande. No que diz respeito ao futuro ele está em sua inconsciência inteiramente despreocupado, e sua falta de previsão constitui um antídoto contra a angústia e o medo, os grandes algozes do coração humano, contra os quais a razão e a filosofia sempre hão de tentar em vão defendê-lo quando a criança se houver transformado em adulto.

Adam Smith, *Teoria dos sentimentos morais* (1759)

Piedade – Compaixão – Simpatia

Mas não são apenas aquelas circunstâncias que provocam dor e mágoa que despertam nossa compaixão. Seja qual for o afeto que um objeto qualquer desperte de imediato na pessoa atingida, sempre surge no peito de cada observador atento à situação uma emoção semelhante. Nossa alegria pela salvação daqueles heróis de tragédia ou de romance que despertam nossa participação é tão sincera quanto nossa mágoa por sua necessidade, e a compaixão com sua miséria é tão real como com sua felicidade. Compartilhamos sua gratidão para com aqueles fiéis amigos que não os abandonam em suas aflições, e com todo nosso coração experimentamos seu sentimento de vingança contra os traidores infiéis que os ofenderam, os abandonaram ou os enganaram. Em todos os afetos de que o coração humano é capaz, as emoções do espectador sempre correspondem à imagem que este se faz dos sentimentos de quem sofre, colocando-se no lugar dele.

"Piedade" e "compaixão" são palavras destinadas a designar o compadecer-nos com a dor de outros. Já a palavra "simpatia", embora seu significado original possa ter sido o mesmo, pode sem violência ao uso comum ser empregada para designar nossa compaixão com toda espécie de afetos.

Adam Smith, *Teoria dos sentimentos morais* (1759)

A autoridade dos que sofrem

Existe uma autoridade reconhecida em todas as grandes culturas e religiões, e que nenhuma crítica é capaz de diminuir: a autoridade de quem sofre. Dela vale o que diz Z.

Baumann sobre a consciência moral: Ela exige "obediência sem necessidade de se verificar se deve ou não ser seguida... Não pode nem convencer nem forçar... Segundo os padrões básicos do mundo moderno, a consciência é fraca". O mesmo vale sobre a autoridade dos que sofrem. Ela não pode ser de novo preparada hermeneuticamente nem discursivamente garantida. Frente a ela a obediência vem antes da compreensão – e isto ao preço de toda e qualquer moralidade. Sobre esta autoridade não há necessidade de se discutir uma vez mais; em relação a ela não existe para a moral uma outra recusa, talvez apelando para a "autonomia". Neste sentido, o encontro com o sofrimento alheio é uma espécie de "estado de exceção", que não se baseia em regras mais gerais a que possamos ainda recolher-nos e reservar-nos. Para mim, um teólogo cristão, esta autoridade é a única autoridade em que se manifesta no mundo a autoridade de Deus como juiz. É na obediência a ela que se constitui a consciência moral; o que nós chamamos de voz da consciência é a nossa reação a ser visitados por este sofrimento alheio.

Respeitar o sofrimento alheio é uma condição para qualquer grande cultura. E dar voz ao sofrimento alheio é a condição de todas as exigências universalistas, como também, e precisamente, das exigências do discurso cristão sobre Deus...

A lembrança "fraca" do sentimento alheio, as narrativas por ela marcadas, podem demonstrar seu potencial de comunicação inter-religiosa e intercultural, e com isso perceber a grande pluralidade das histórias de sofrimento no mundo – por exemplo, no encontro com as éticas da compaixão das grandes religiões asiáticas, em particular do budismo. No reconhecimento da autoridade dos que sofrem poderia, na minha opinião, ocorrer o encontro entre as religiões monoteístas e as religiões e culturas orientais.

E com isto elas poderiam também enfraquecer o argumento de que afinal de contas existem concepções extremamente diferentes, ou mesmo opostas, sobre a dignidade do homem, e por conseguinte concepções diferentes, ou mesmo opostas, a respeito dos direitos humanos. Aqui se encontra, manifestamente, uma possibilidade de compreensão entre os mundos culturais, as oposições ideológicas e os mundos políticos.

Johann Baptist Metz, A lembrança do sofrimento alheio

Nossa capacidade humana única

Pessoalmente, eu penso e digo também aos outros budistas que a questão do nirvana vem depois. Não tem pressa. Quando na vida diária somos bons e honestos, cheios de amor, de cuidado e cura, e menos egoístas, isto levará por si mesmo ao nirvana. Mas quando, ao invés, falamos e filosofamos sobre o nirvana sem nos incomodarmos com a prática quotidiana, chegamos talvez a um nirvana estranho, mas que com certeza não é o autêntico, por lhe faltar a prática diária.

Temos que realizar estas valiosas doutrinas em nossa vida diária. Quer você creia em Deus quer não creia, quer acredite em Buda ou não, quer como budista acredite ou não acredite na reencarnação, não é isto o que mais importa. Você tem que levar uma vida boa. E uma vida boa não consiste simplesmente em boas comidas, belas roupas e moradia confortável. Isto não basta. O que precisamos é de uma boa motivação: dedicação libertadora sem dogmatismo, sem complicações filosóficas; simplesmente compreendendo que os outros são nossos irmãos e irmãs, e respeitando seus direitos, assim como a sua dignidade humana. O fato de nós seres humanos podermos ajudar-nos mutuamente é uma de nossas capacidades humanas únicas. Temos que participar do sofrimento das outras pessoas. Mesmo que você não possa ajudá-las com dinheiro, mesmo assim é válido expressar participação, apoio moral e simpatia. Esta deveria ser a base do nosso agir. Se chamamos isto de religião ou não, não é o que mais importa.

Dalai-Lama, Lógica do amor

Buscar o bem do outro – um hábito do espírito

Embora existam vários métodos para disciplinar o espírito, é de extrema importância pensar sobretudo no bem do outro. Pensamentos de benevolência para com os outros trazem felicidade não só para eles, mas também para nós mesmos. Quando, ao invés, só pensamos em nosso próprio bem, em nossas próprias comodidades, daí não pode surgir outra coisa senão sofrimento. Por isso diz o grande sábio e santo indiano Santideva: "Todo sofrimento neste mundo surge por causa do desejo egoísta da própria felicidade e bem-estar. Mas toda felicidade é o resultado da busca desinteressada do bem-estar e da felicidade dos outros".

A felicidade, seja ela passageira ou última, é resultado direto ou indireto da busca sincera do bem dos outros. A principal causa do sofrimento é a busca egoísta da própria felicidade e comodidade. Para nosso mundo atormentado pela desunião, isto tem plena validade, não importando se os ditos sofrimentos surgem em grande escala, por exemplo, por discórdias entre duas nações ou por uma ação reprovável que acarrete a perda de muitas vidas, ou se se trata de sofrimentos de menor monta, como por exemplo as disputas entre animais. Em todos estes casos, a verdadeira causa é o egoísmo. Quando a colaboração entre vizinhos e nações é motivada por pensamentos de benevolência de uns para com os outros, estes motivos possuem altíssimo valor. É conveniente que à busca desinteressada pelo bem e felicidade dos outros se dê um peso maior do que à busca egoísta da própria salvação e felicidade. De maneira geral todos os seres – pelo fato de possuírem consciência – sentem-se mal quando se deparam com algo desagradável, que não podem suportar, por menor que seja este incômodo.

Uma vez que se haja reconhecido que também os outros sofrem quando se deparam com coisas que os incomodam, se deveria empenhar todo esforço possível para impedir que de alguma maneira lhes seja infligido sofrimento e dor. Este princípio pode ser um fundamento para a paz e para o emprego dos meios que produzem e consolidam uma paz mundial, como por exemplo o desarmamento. Quando todos os pensamentos que podem ocasionar sofrimento, como por exemplo a intenção de confiar nos recursos da guerra, houverem sido banidos do espírito, também o discurso e a ação, ambos provenientes do pensamento, ficarão livres de más intenções.

Em princípio, pode-se dizer que a incapacidade de disciplina e domínio do espírito é o fundamento de todas as dificuldades e problemas no mundo. Por isso, quer acreditemos na reencarnação ou não, se cultivarmos em nossa vida pensamentos de benevolência para com todos os seres – começando pelos homens e chegando até aos menores insetos –, necessariamente este mundo há de transformar-se num lugar em que podemos levar uma vida mais feliz. A felicidade para nós e para os outros é alcançada quando nos concentramos antes de tudo no bem dos outros.

O mundo necessita hoje de amor e de compaixão. É da máxima importância que cultivemos pensamentos amáveis para com os outros, até o ponto de esta maneira amável de pensar se haver transformado em um hábito firmemente arraigado do espírito.

Dalai-Lama, *Ioga do espírito*

A única contraforça

A compaixão é um *comportamento imediato*. É um sentimento que começa diretamente com a visão do sofrimento de outros. Neste sentido, podemos contrapô-lo à razão, que como consideração do geral... refere-se essencialmente à conformação das grandes ordens. Seria, não obstante, totalmente inadequado restringir a compaixão a um comportamento dentro de pequenos grupos, na medida em que, para a constituição destes grupos, o convívio pessoal-individual é essencial. Na compaixão, prescinde-se diretamente da pessoa determinada e se pensa unicamente na pessoa que sofre *como alguém que sofre*. Por isso, de antemão a compaixão deve ser vista como um comportamento desvinculado de condições pessoais, e por isso ela não pode se restringir à relação de pessoas que vêm ao meu encontro como pessoas conhecidas dentro do meu horizonte imediato.

A universalidade também se aplica ao oposto da compaixão, isto é, à *crueldade*. Também a crueldade, pelo menos em suas formas radicais, é um comportamento apessoal. O outro é liberado como *puro objeto* do prazer destruidor, isto é, ele é despersonalizado, quer sob o aspecto psíquico quer sob o físico. A meta é negar sua humanidade...

A contrapartida, o que se opõe à crueldade, é, pois, como dizemos, a compaixão. Com referência ao indivíduo: crueldade e compaixão lutam, no indivíduo, *diretamente* uma contra a outra, e o resultado da luta é incerto, na medida em que também no indivíduo a disposição para a crueldade existe em estado latente. Não obstante, parece-nos que a compaixão é a *única* instância e força contra possíveis perversões, quando o mal se apresenta em suas formas extremas. Para nos lembrarmos mais uma vez do resultado encontrado acima: a compaixão pressupõe proximidade, isto é, a visibilidade do sofrimento de alguém. Em face deste sofrimento é despertada a vontade direta de ajudar, não importando de onde venha o sofrimento, se por circunstâncias onde não existe culpa ou se por crueldade dos homens. Esta vontade direta de ajudar é a característica essencial da compaixão. A partir daqui pode-se dizer: a compaixão é a extrema e última possibilidade de salvar a pessoa em sua "existência nua" em face da negação direta desta existência.

Mas a compaixão não é apenas um afeto que começa numa dada ocasião. Compaixão também pode ir além do caso presente e se constituir como *prontidão antecipativa* de impedir ou minorar o sofrimento, onde quer e como quer que ele se apresente. Mais uma vez temos aqui diante de nós uma forma da lei de ampliação de que se falou acima. A atitude ética vai além da ligação ao que se vê. E é precisamente este ir além – e é isto o que realmente importa – que provoca uma "contravontade geral" à latente prontidão para deixar o outro sofrer. Esta contravontade atinge primeiro e diretamente a mim mesmo, na medida em que também em mim esta prontidão está viva.

Na compaixão, diz *Schopenhauer*, se realiza uma identificação entre o Eu e o Tu, ou, expresso com mais cautela: caem as barreiras da individualidade, e com isto do egoísmo. Este processo, diz Schopenhauer, é um mistério, pois na medida em que eu sinto com o outro, em que percebo seu sofrimento como meu, é suspensa a minha identidade e a do outro. Portanto, a universalidade da compaixão não é quantitativa, mas qualitativa. Ela nega a dimensão em que geralmente vivemos e temos que viver, quando nos distinguimos dos outros, seja em atitude egoísta ou altruísta.

Concluímos nossa referência à compaixão com uma observação. A compaixão, como *virtude de longe*, não é de maneira nenhuma uma atitude natural. É conhecido o fato do distanciamento em vista do sofrimento distante, transmitido diretamente em imagem e som pelos meios de comunicação. De maneira semelhante ao que ocorre no espetáculo, apesar de sua visibilidade, o sofrimento aparece aqui de uma maneira estranhamente irreal. Mas, ao lado do efeito negativo dos meios de comunicação de massa que acabamos de mencionar, deve ser considerado também um afeto positivo. Com base nestes meios, quando temos concretamente diante de nós o sofrimento de pessoas em países distantes, sentimo-nos impelidos a nos envolvermos em minorar este sofrimento. Dito em termos de princípios: na unificação do mundo provocada pela técnica, encolhe-se a possibilidade exterior e interior de um isolamento, também sob o aspecto moral. Agora se exige "ajudar a todos".

Walter Schulz, Filosofia num mundo modificado

O atraso

Na véspera do Dia do Perdão, à hora em que se devia dizer *Kol Nidre*, estavam todos os *hassidim* reunidos na casa de oração, à espera do Rabi. O tempo passava, e ele não chegava. Uma das mulheres disse de si para consigo: "Decerto ainda vai demorar um pouco até começar, e eu saí com tanta pressa, e meu filho ficou em casa sozinho, vou rapidinho ver se ele não acordou, em poucos minutos estou aqui de volta". Ela correu, escutou à porta, estava tudo em silêncio. Suavemente baixou o trinco e enfiou a cabeça, e lá estava o Rabi segurando nos braços o filho dela, cujo choro o atraíra a caminho da casa de oração. Brincara com ele e cantara-lhe alguma coisa, até que ele adormecesse.

Martin Buber, *Os relatos dos Hassidim*

Buscar a verdade sem violência

O homem e seu agir são duas coisas diferentes. Enquanto a boa ação deveria contar com aprovação, e a ação má com desaprovação, o autor da ação, seja ele bom ou mau, sempre merece atenção ou compaixão, dependendo do caso. "Odeia o pecado e não o pecador", é um mandamento que, apesar de fácil de entender, só raras vezes é posto em prática. Por isso o veneno do ódio se espalha pelo mundo inteiro.

Ahimsa [não-violência] é a base da busca da verdade. Todos os dias reconheço de novo que esta busca é em vão quando não está baseada na *ahimsa*. É perfeitamente certo resistir a um sistema e atacá-lo; mas resistir ao criador deste sistema e atacá-lo equivale a resistir e atacar a si próprio.

Pois nós somos todos pecadores e filhos de um mesmo criador, e como tais possuímos infinitas forças divinas. Desprezar um único ser humano significa desprezar estas forças divinas e assim prejudicar não apenas este ser individual, mas com ele o mundo inteiro.

Mahatma Gandhi, *Agir a partir do espírito*

Nossa luta há de ser sem violência

Não quero que ninguém seja morto. Que sentido tem a minha morte, ou a de um de meus colegas? Os problemas certamente não poderão ser resolvidos com mortes – e se a coisa tomar esse rumo, há de ser um inferno. Vamos fazer tudo que estiver ao nosso alcance para evitar isto. Mas, se tiver que ser, tenho certeza que poderão ser encontrados aqui uns 100, 150 ou 200 trabalhadores dispostos a lutar e a enfrentar a situação. Nesse caso, haveria um banho de sangue no Xapuri, medidas de repressão e tudo o mais...

Não é isto o que queremos. Nossa luta tem que ser sem violência. Conseguimos que fossem expedidas ordens de prisão contra membros da família Alves. Agora estão com a palavra os tribunais, que têm obrigação de cuidar que as leis sejam respeitadas. Aqui na localidade, isto fez com que ganhássemos simpatia: nos últimos dias, muitas pessoas que não conhecíamos nos garantiram que me apoiam. Pessoas da classe média nos elogiam por termos a coragem de resistir aos pistoleiros. Mesmo que os criminosos ainda não tenham sido presos – eles claramente sofreram uma derrota política.

O mais importante para nós é continuarmos a fazer pressão política. Cremos que nossa luta há de ter êxito se a imprensa e alguns grupos exercerem pressão em nível nacional e internacional. Por isso consideramos correto evitar o confronto.

Chico Mendes, *Salvem a floresta!*

O que fica

Só na hora do enterro e da despedida dos mortos é que os que ficam começam a refletir e a pensar sobre os que partiram. E o que é, então, que quase sempre pesa mais? "Era uma pessoa boa..." Como resumo de uma vida, esta constatação vale mais do que todos os talentos e atividades, todos os títulos e condecorações. O que é a bondade? Será um pendor ou uma qualidade inata que cada um traz do berço? Será uma qualidade adquirida?...

Estou convencido de que o homem nasce com a capacidade de reagir ao sofrimento alheio; portanto, acredito que este sentimento nos foi dado desde o berço, juntamente com a alma e os instintos. Mas quando não é exercitado ou posto em prática, este sentimento se enfraquece e se evapora.

Será que em nossa vida é exercida a piedade? Será que somos continuamente treinados para este sentimento? Quantas vezes a piedade nos é solicitada?... Será possível aprender a tornar nossos corações sensíveis para o sofrimento alheio?... E como poderá alguém preservar sua sensibilidade para a dor alheia, sem se cansar da compaixão? Sem se deixar abater porque o sofrimento humano é inesgotável...?

Conservo bem vivo na lembrança o concerto que promovemos em favor das crianças deficientes. Seres deformados. Cabeças oscilantes, rostos vazios. Mas como transformaram-se de repente! Brilhavam de felicidade e gratidão quando foi entoada a música e os cantores começaram a cantar. E não sei quem nessa hora estava mais feliz – se os artistas... ou as crianças.

Daniil Granin, *A misericórdia perdida*

II
Bondade materna e paterna – para todos

Compartilhar o amor

Ἄν οὔτοι συνέχθειν, ἀλλὰ συμφιλεῖν ἔφυν.

Não vivo para a inimizade, mas apenas para servir aos amigos.

Decerto. Não sou pelo ódio, sou pelo amor.

Não estou aqui para compartilhar o ódio, estou aqui para compartilhar o amor.

Sófocles, *Antígona*, v. 523

Em retribuição à bondade materna

Os sentimentos da mãe por seu filho são um exemplo clássico de bondade e amor. A mãe está pronta a dar sua própria vida pela segurança, pela proteção e pelo bem de seu filho. Os filhos deveriam reconhecer isto, ser gratos à sua mãe e manifestar sua gratidão cuidando de suas mães. Assim também o ser humano que está motivado pelo espírito da iluminação busca com todas as suas forças o bem de todos os outros seres. Há de tratá-los como sua própria mãe. Em retribuição à bondade materna, estará sempre empenhado em fazer unicamente o bem.

Desenvolver o elevado desejo de alcançar a iluminação, exercitar a liberalidade, a conduta ética, o cuidado, a bondade e outras virtudes, contribuem para o bem de todos os seres vivos. Para o bem de todos eles deveriam ser buscadas estas qualidades elevadas e enobrecedoras.

Os seres que habitam esta terra – homens ou animais – contribuem todos, cada qual à sua maneira especial, para a beleza e a riqueza deste mundo. Muitas criaturas, isoladas ou unidas, empenharam muito esforço, e a este esforço devemos as coisas agradáveis de nossa vida. O alimento que ingerimos, a roupa que vestimos, não caíram simplesmente do céu. Muitos viventes contribuíram para que eles existissem. Por isso devíamos ser gratos a todas as coisas que como nós foram criadas. Compaixão e amabilidade são a garantia para o progresso e a felicidade. Exerçamos, pois, para o bem de todos, o amor e a compaixão.

Dalai-Lama, *Ioga do espírito*

Ama e pastor

"...Eu fui alguém...
que se associou a quem nada tinha,
que se uniu a quem era de caráter tranquilo...
que expulsou a tristeza,
que levou a sério a queixa da viúva,
alguém que salvou quem estava a afogar-se.

Alimentei quem se encontrava em necessidade.
Fui um protetor do fraco.
Defendi a viúva espoliada de seus haveres.
Fui o pai de quem não tinha pai nem mãe,
Fui alguém que salvou o pequeno.

Fui uma ama para meu povo,
que os conduziu pelo bom caminho.

Fui um pastor para seus...,
que os preservou de toda desgraça.

Fui o querido dos pequeninos,
e com presentes alegrei os corações das pessoas.
Tive a mão aberta para quem nada possuía,
e dei nova vida a quem estava cansado (da vida).

Fui alguém que chorou por uma desgraça,
que cuidou do abatido.
Ouvi o grito de angústia da menina órfã
e fiz tudo quanto ela precisava.
Fui alguém que ajudou as crianças abatidas pelos cuidados,
que... lhes deu um destino e enxugou suas lágrimas,
alguém que afastou as preocupações de uma mulher
que gemia desesperada."

Inscrição em um túmulo do Antigo Egito

Pai para os órfãos

"Sou alguém que cuidou dos enfermos,
que sepultou os mortos,
que deu alguma coisa aos que passavam necessidade...

Com ração (?) e alimento fui generoso;
a quem eu dava, este já não passava necessidade.
Dava grandes pedaços de carne a quem se encontrasse
ao meu lado.
Fui alguém que amou o seu clã,
e que se aproximou de sua parentela.

(Também) não virei o rosto
a quem estava em servidão (ou era escravo?).

Fui o pai dos órfãos,
o sustentáculo da viúva,
ninguém dormia com fome em meu distrito.
Não rejeitei ninguém na balsa.
Não denegri ninguém junto aos superiores,
nem dei ouvido a calúnias."

Do Antigo Egito

Honrar o menor

"Quando junto a um pobre encontrares um grande resto,
divide-o em três partes:
Deixa duas (para ele) e conserva apenas uma.
Haverás de achar (este ato) como o caminho da vida...
Melhor que tesouros no depósito
é ser louvado como amigo dos homens."

"Não diminuas um homem perante o tribunal,
e não desprezes quem está com o direito.
Não te inclines para alguém por ele estar bem vestido,
mas também não prefiras quem anda esfarrapado.
Não aceites suborno de um poderoso,
nem prejudiques por sua causa o mais fraco..."

"Não te rias de um cego nem zombes de um aleijado.
Não tornes mais pesado o destino de um coxo.
Não zombes de um homem que está nas mãos de Deus
(um doente mental),
e não te irrites contra ele, quando houver pecado.

O homem é barro e palha,
Deus é seu arquiteto...
Ele faz mil pequenos como lhe apraz,
e faz mil pessoas como inspetores (superiores),
quando está em sua hora de (criar) vida."

"Dá tua mão a um ancião
quando estiver embriagado de cerveja,
e honra-o como (o fazem) seus filhos.
Um braço forte não se enfraquece pelo desnudamento.
E as costas não se quebram quando dobradas..."

"Não preterirás o estranho com o odre,
dar-lhe-ás antes duas vezes mais que aos outros
(teus conhecidos).
Deus ama aquele que ama o pequeno,
mais do que quem respeita o nobre".

"... Aceitarás o salário da mão do rico,
mas pouparás aquele que nada tem..."

Das Instruções de Amenemés (20ª dinastia, 1200-1080 aC)

Serve a teu Deus – serve a teus irmãos

"Serve a teu Deus, para que te proteja.
Serve a teus irmãos, para que tenhas boa fama...
Serve a todo homem, para que sejas útil.
Serve a teu pai e a tua mãe, para que tenhas êxito".

"Exerce benevolência para com aquele que precisa".
"Não sejas avarento, a riqueza não traz mesmo segurança".
"Se a cem homens prestasses um benefício

e só um único o reconhecesse,
nenhum jota teria sido em vão."
"Jamais digas: 'Fiz a este homem um benefício, mas ele não me foi grato'".
"Não existe nenhum (outro) reconhecimento a não ser o de ter feito um benefício a um necessitado."

Do Antigo Egito

Princípios da vida familiar asteca

O pai é a raiz e o fundamento da família. O pai que tem bom coração é ativo, refletido, compassivo, cheio de extremo cuidado; é enérgico, forte e vigilante. Educa os filhos, instrui-os, ensina-os, corrige-os, aconselha-os, repreende-os, dá-lhes um bom exemplo. Dá-lhes um grande espelho, polido dos dois lados.

Economiza e armazena para si e os seus, guarda sua propriedade, administra-a com energia para eles; ele próprio é econômico, está preparado para tudo, estimula os outros a economizarem, possui visão ampla. Dá a cada um conforme os méritos, toma as providências necessárias, conserva as coisas em ordem.

A mãe de família tem filhos e os amamenta. A que tem boa disposição desperta cedo, é sensível, enfrenta o trabalho com energia, é aplicada e tem os olhos vigilantes. Esforça-se arduamente com o coração e as mãos, educa os filhos, está sempre preocupada com os seus, está sempre ocupada. Acaricia os seus, se empenha por eles, preocupa-se com o bem dos seus; nada esquece, só gasta o necessário e nunca está parada.

Mircea Eliade, História das ideias religiosas. Fontes

O direito dos necessitados

E teu Senhor determinou que deveis servir só a Ele, e que se deve tratar bem os pais. Se um deles, ou ambos, chegarem a uma idade avançada, não lhes digas: "Irra", nem lhes fales rudemente, mas dize-lhes palavras respeitosas.

E baixa para eles por tua piedade a asa da submissão, e dize: "Meu Senhor, compadece-te deles, porque me educaram quando eu era pequeno".

Vosso Senhor sabe melhor o que está dentro de vós. Se fordes honestos, ele está cheio de perdão para os que sempre retornam.

E concede ao parente o seu direito, como também ao necessitado e ao viajante, mas não ajas perdulariamente.

Corão, Sura 17, 23-26

Exercício

"Mesmo que, meus *bhikhus* (= monges), ladrões e assassinos vos cortassem com uma serra afiada membro após membro, e vos encolerizásseis com isto em vossos sentimentos, não estaríeis cumprindo a minha instrução. Também neste caso deveis vos exercitar assim: 'Não queremos pensar nada injusto, nenhuma palavra má deve escapar de nossa boca, queremos permanecer amáveis e compassivos, sem ódio oculto, e queremos penetrar este homem com intenção bondosa, e a partir dele queremos penetrar o mundo inteiro com intenção bondosa, com uma intenção que tudo abrange, grande, de paz sem limites e amiga.' Assim deveis exercitar-vos.

Esta doutrina da parábola da serra, meus *bhikhus*, vós deveis trazer frequentemente à vossa memória. Conheceis uma maneira de falar, gentil ou grosseira, que não possais suportar?" "Não, Senhor!" – "Trazei, portanto, frequentemente à vossa lembrança esta doutrina da parábola da serra! Isto vos há de trazer por longo tempo salvação e felicidade".

Parábola da serra, de Buda.

Votos de bodhisattva

...E tomo sobre mim a carga de todos os sofrimentos, estou decidido, hei de suportá-los. Não volto, não fujo, não tremo nem estremeço, não temo, não recuo nem perco a coragem. E por que isto? Porque, de qualquer forma, devo tomar sobre mim a carga de todos os seres. Isto não é por minha vontade. Meu voto é a salvação de todos os seres, por mim todos os seres têm que ser libertados. Por mim todo o mundo dos seres vivos tem que ser salvo. Da selva do nascimento, da selva da velhice, da selva da doença, da selva da morte, da selva das desgraças de toda espécie, da selva das más formas de existência, da selva de todo o ciclo de reencarnações, da selva de todas as heresias, da selva da perda da boa religião, da selva que surge da ignorância, de todas estas selvas tenho que salvar todos os seres... Eu ajo para a consolidação do incomparável reino do conhecimento para todos os seres. Empenho-me não só por minha própria redenção. Pois todos estes seres têm que ser trazidos por mim, com o barco do pensamento, da torrente do samsara para a onisciência.

Gustav Mensching, *Mundo espiritual budista*

Piedade com quem não tem conhecimento

E escravos da ganância do mundo
Enchem a terra, ocupados com suas terrestres futilidades.
Mas eu, o iogue, que olho de cima para estas coisas,
Do glorioso rochedo que se vê de longe,
Tomo o mundo inconstante da aparência como parábola,
Considero os bens da terra como iguais à miragem na
água.
A vida eu considero como ilusório sonho.
Para quem não conhece tenho pensamentos de compaixão.
O espaço vazio me serve de alimento.
Sem distrair-me permaneço concentrado.
Que toda variedade que aqui se manifesta a meu espírito,
Ah, que as coisas e o ciclo dos três mundos,
Embora irreais, permaneçam. Que grande milagre!

Mila ras-pa (1040-1123)

Um olhar sobre os que trabalham arduamente

Mas as almas que se abalam em consequência de ásperos contrastes não estão firmes nem satisfeitas. Devemos, pois, orientar o nosso sentido para o que pode ser alcançado e satisfazer-nos com o que temos e não nos incomodar muito com os [homens] invejados e admirados, nem pensar muito neles. Devemos, pelo contrário, dirigir nosso olhar para a vida dos que trabalham arduamente e estão sobrecarregados, pensando como sua vida é miserável; então a própria situação nos há de aparecer grande e invejável; nem haveremos de [sempre] desejar mais, e com isto afligir a nossa alma. Pois aquele que admira e a toda hora se ocupa em pensamento com os que têm posses ou com os que são considerados pelos outros como felizes, necessariamente há de ser impelido a sempre empreender novidades e [por fim] dirigir sua avidez para fazer alguma coisa contrária à lei e que não pode ser consertada. Por isso não devemos ir atrás de uma coisa, mas ficar satisfeitos com a outra, comparando nossa própria vida com a daqueles que vão muito pior, considerando-nos felizes ao lembrarmos o que eles têm que sofrer; então se há de tornar claro como é melhor a nossa condição do que a deles. Se perseverarmos neste ponto de vista, haveremos de viver mais satisfeitos e expulsar não poucos demônios da alma: inveja, ciúme e ódio.

Demócrito (filósofo grego, 460-371 aC)

Não devemos, como homens, rir da desgraça dos outros, mas sim ter piedade.

Demócrito

Piedade do poderoso com o fraco

Não temais o rei da Babilônia, a quem temeis. Não temais – oráculo do Senhor –, pois eu estou convosco para vos salvar e livrar das suas mãos. Eu vos concederei misericórdia e ele terá misericórdia de vós e vos fará voltar à vossa terra.

Jeremias 42,11s

O pai bondoso

E acrescentou: "Um homem tinha dois filhos. Disse ao pai o mais jovem: 'Pai, dá-me a parte de bens que me cabe'.

O pai dividiu-lhes os haveres. Depois de alguns dias, o filho mais jovem juntou tudo e partiu para uma terra distante. Lá dissipou os haveres, vivendo dissolutamente. Depois de gastar tudo, houve uma grande fome naquela terra e ele começou a passar necessidade. Foi pôr-se no serviço de um dos cidadãos daquela terra, que o mandou para os campos cuidar dos porcos. Desejava encher o estômago com as bolotas que os porcos comiam, mas ninguém lhas dava. Caindo em si, disse: 'Quantos empregados do pai têm pão em abundância, enquanto eu aqui morro de fome! Vou partir em busca de meu pai e lhe direi: pai, pequei contra o céu e contra ti. Já não sou digno de ser chamado de filho. Trata-me como um dos empregados'. E, levantando-se, voltou para a casa do pai. Ainda longe, o pai o viu e, comovido, lhe correu ao encontro e se lançou ao pescoço, enchendo-o de beijos. Disse-lhe o filho: 'Pai, pequei contra o céu e contra ti. Já não sou digno de ser chamado de filho'. Mas o pai falou para os escravos: 'Trazei depressa a túnica mais preciosa e vesti nele, ponde-lhe no dedo um anel e sandálias nos pés. Trazei um bezerro bem gordo para matar, e vamos comer e nos alegrar, porque este filho estava morto e voltou à vida, estava perdido e foi encontrado'. E se puseram a celebrar a festa.

O filho mais velho estava no campo, e de volta, quando se aproximava da casa, ouviu a música e as danças. Chamando um dos criados, perguntou do que se tratava. O criado respondeu: 'Teu irmão voltou e teu pai mandou matar o bezerro gordo porque o recuperou são e salvo'. Indignou-se ele e não queria entrar, mas o pai, saindo, o chamou.

Em resposta, disse para o pai: 'Há tantos anos eu te sirvo sem nunca haver desobedecido a uma ordem e nunca me deste sequer um cabrito para festejar com os amigos. E agora que voltou este teu filho, que gastou sua fortuna com prostitutas, matas para ele o bezerro gordo'. Explicou-lhe o pai: 'Filho, tu estás sempre comigo e todos os meus bens são teus. Mas era preciso fazer festa e alegrar-se porque este teu irmão estava morto e voltou à vida, tinha-se perdido e foi encontrado'".

Lucas 15,11-32

Até mesmo a pessoa mais grosseira

Por mais egoístas que consideremos os seres humanos, existem claramente certos princípios em sua natureza que os levam a ter participação no destino dos outros, e para eles fazem mesmo a felicidade destes outros ser uma necessidade, embora não tirem disso nenhuma outra vantagem a não ser o prazer de o testemunhar. Um princípio desta espécie é a piedade ou a compaixão, o sentimento que experimentamos pela miséria de outros logo que a vejamos, ou logo que nos seja descrita vivamente de modo que possamos senti-la. O fato de muitas vezes sentirmos desgosto porque outras pessoas estão cheias de desgosto é uma realidade por demais patente para que precisemos de exemplos a fim de prová-la; pois este sentimento, como todos os outros afetos primitivos do ser humano, não está de forma alguma restrito aos virtuosos e aos que têm sentimentos humanos, embora talvez estes o possam viver com maior sensibilidade, mas até mesmo a pessoa mais grosseira, o desprezador mais endurecido das leis da comunidade não está inteiramente desprovido deste sentimento.

Adam Smith, *Teoria dos sentimentos morais* (1759)

Simpatia com os mortos

Sim, nós sentimos simpatia até mesmo pelos mortos e, esquecendo o que realmente importa em sua situação, isto é, o terrível futuro que os espera, nos impressionam de forma particular muito mais aquelas circunstâncias que, embora despertem nossa atenção, não têm, contudo, a mínima influência sobre sua bem-aventurança. É lamentável, assim pensamos, ser privado da luz do sol; estar excluído da vida e do convívio com as pessoas, ser colocado na fria laje como presa da podridão e dos vermes da terra. O morto merece ser lamentado, assim pensamos, porque ninguém mais neste mundo se lembra dele, e daí a pouco há de ser apagado do amor e quase inteiramente da memória de seus amigos e parentes mais queridos. Certamente, assim pensamos, nunca podemos sentir demais por aqueles que foram atingidos por tão terrível desgraça. Parece-nos que agora a compaixão que lhes dedicamos é merecida em dobro, porque eles correm o risco de ser esquecidos por todos; e pelas vãs honrarias que tributamos à sua memória, nos esforçamos – para nossa própria dor – por conservar artificialmente viva a triste lembrança de sua desgraça. O fato de nossa simpatia não lhes trazer nenhum consolo nos parece mais um ponto a ser acrescentado à sua miséria; a consciência de que tudo quanto possamos fazer é inútil, e de que aquilo que atenua toda outra necessidade, a saber, o pesar, o amor e os lamentos dos amigos, não pode trazer nenhum alívio a seus sofrimentos, contribui para aumentar nosso sentimento por sua miséria. Mas a bem-aventurança dos mortos certamente em nada é afetada por qualquer desses fatos; nem o pensamento destas coisas poderá jamais perturbar a profundidade e segurança de seu repouso. A ideia daquela terrível melancolia sem fim que naturalmente nossa fantasia atribui à sua situação surge única e exclusivamente pelo fato de unirmos à mudança que se operou neles nossa própria consciência desta mudança; vem de nos transferirmos a nós mesmos para sua situação e de, se assim me for lícito dizer, encerrarmos nossa própria alma viva em seu cadáver inânime e buscarmos imaginar os sentimentos que haveríamos de ter nesta situação. É precisamente desta ilusão de nossa fantasia que provém o fato de a ideia de nossa própria dissolução futura nos parecer tão terrível, e de a ideia daquelas circunstâncias, que certamente não nos hão de causar nenhuma dor quando estivermos mortos, nos fazer miseráveis enquanto ainda nos encontramos em vida. E daí provém um dos mais importantes princípios da natureza humana: o medo da morte, fortíssimo veneno contra toda felicidade, mas também o mais forte obstáculo à injustiça dos homens, que ao passo que oprime e tortura o indivíduo protege e guarda, no entanto, a sociedade.

Adam Smith, Teoria dos sentimentos morais (1759)

Transferência

Sem a linguagem, não podemos imaginar como o comportamento altruísta dos parentes mais próximos é "transferido" para pessoas estranhas e como há de ser possível superar a estreiteza do altruísmo de parentesco, fortemente enraizada em nossa origem biológica. O fato de conceitos de parentesco como "irmão" e "irmã", ou categorias sociais como "próximo" e "vizinho", serem na linguagem transferidos a outros, permite transferir também para outros o comportamento válido para irmãos e irmãs. A ampliação dos conceitos anda de mãos dadas com a ampliação dos comportamentos. Podemos falar aqui de um "acontecimento verbal" que modifica a realidade. É precisamente aqui que a religião se faz efetiva: suas imagens e metáforas nos permitem ver o outro como "próximo" e como "irmão" e "irmã".

Gerd Theissen

Três filhos

Ninguém sabe o que é consolo ou dor ou desejo, quando ele próprio não é movido por estes três. Procuro ajuda, porque infelizmente sofro muito. Tenho três filhos que considero com grande dor.

O primeiro são os pobres pecadores. Eles jazem na eterna morte. O único consolo que lhes resta é que (ainda) possuem um corpo terreno. Aí, olho para este filho com o coração sangrando e o tomo nos braços de minha alma com olhos cheios de lágrimas, e os levo aos pés do Pai, de quem os recebi. Olho este filho e peço a Jesus, seu fiel pai, que o ressuscite com a mesma voz de sua divina misericórdia com que ele ressuscitou a Lázaro.

Meu segundo filho são as pobres almas que penam no purgatório. A elas tenho que dar a beber o próprio sangue do meu coração. Quando rezo por elas e considero as muitas necessidades e a amarga sede que sofrem de maneira particular por cada pecado, eu sinto dores de mãe. Mas é do meu agrado que elas sofram em justo castigo por seus pecados, para a glória de Deus. Suportam seus castigos com grande paciência, pois veem claramente diante de si toda a sua culpa. Suportam sua miséria com sabedoria interior e se embebem a si mesmas de grande dor do coração. Para que este filho recupere rapidamente a saúde a mãe tem que ser muito fiel e misericordiosa.

Meu terceiro filho são as pessoas espiritualmente imperfeitas. Quando considero todos os meus filhos enfermos, com nenhum sinto tão grande dor como com este, porque pelos sentidos exteriores enredou-se com as coisas passageiras e se afastou das coisas celestiais a ponto de perder inteiramente o nobre hábito e a doce intimidade com Deus, a que ele os havia arrebatado por uma particular eleição. Depois disso, eles se tornam tão enganosos que ninguém é capaz de convencê-los com palavras; então insultam a interioridade e torcem a doçura de Deus, e interpretam com maldade tudo quanto veem e ouvem. Exteriormente parecem sábios, mas interiormente são todos néscios. Este filho é o mais difícil de recuperar a saúde. Pois ele cai primeiramente em obstinada luta, depois na inércia, depois no falso consolo, depois no desespero, terminando, infelizmente, por perder todas as graças. Assim este pobre filho permanece até o fim da vida do pecado. E não se pode imaginar como esta alma transviada há de terminar.

Matilde de Magdeburgo, A luz contínua da divindade

Compaixão para conservação da espécie e suas ampliações

Em magistrais análises, Konrad Lorenz demonstrou que existe uma reação de proteção e cuidado na relação com os filhos pequenos, despertada pelas formas arredondadas, macias e "lindas". Esta dedicação e carinho, que surge não apenas nas mulheres, ocorre de uma forma tão espontânea que uma criancinha abandonada tem grande chance de encontrar ajuda e permanecer viva.

Este é apenas um dos fenômenos em que podem ser percebidas determinadas qualidades do comportamento ético que se comprovam válidas em todos os terrenos. A mencionada reação depende, sem dúvida, da proximidade, das situações visíveis e concretas, sua certeza aumenta com a proximidade visível – ou, dito de outra maneira, as regras sociais confiáveis se movimentam em primeira linha dentro do raio de alcance dos nossos sentidos. Uma *ampliação* de sua eficácia só pode ocorrer de duas maneiras diferentes, em primeiro lugar, suprimindo a diferença dos esquemas que a provocam, de tal modo que o círculo das formas provocadoras cresça quando diminui a precisão ou a abundância das características; nesse caso, o cuidado haveria de estender-se, por exemplo, a tudo quanto é inerme, macio e pequenino, independente de outras características, incluindo filhotes de animais e, baixando-se ainda mais o limiar, tudo quanto é pequenino e "lindo". O comportamento haveria de tornar-se "mais abstrato", como também os esquemas que o provocam.

Com uma abstração maior ainda, a função provocadora poderia passar dos sentidos para a consciência mental que se possa formular, e o mecanismo poderia de certa forma ser colocado em um nível mais elevado. Neste caso, a condição original da proximidade é ampliada de uma outra maneira, onde, embora sem dissolver a orientação natural para o parceiro humano, mas conservando-a, a condição da presença visível deixa de existir: a consequência seriam *sentimentos de obrigação* para com *parceiros invisíveis*. Aqui, no entanto, a confiabilidade da reação diminui e as obrigações para com seres ausentes, ou mesmo com antípodas abstratos, são difíceis de ser aceitas, e por outro lado a televisão, que traz diretamente para dentro de nossa casa os sofrimentos da infeliz população de um país qualquer, cria ao invés uma alteração de nossos sentimentos de obrigação, alteração difícil ainda de prever, mas certamente carregada de consequências, talvez no sentido de um novo embotamento também em relação ao sofrimento fisicamente presente. Uma tele-ética ainda se encontra dentro do alcance de nossas tentativas e erros. K. Lorenz demonstrou a insegurança ética como consequência da transgressão da condição da proximidade no aperfeiçoamento dos meios técnicos de extermínio: a mesma pessoa que experimenta uma extrema inibição para esmagar o crânio de um indefeso, pouco se preocupa com o número de seres humanos que irão morrer com a bomba lançada por ele com o apertar de um botão.

Arnold Gehlen, Moral e hipermoral

Obrigações

Inúmeras pessoas, em todas as regiões e religiões, estão empenhadas por uma vida que seja determinada não pelo egoísmo, mas pelo compromisso em favor do próximo e do mundo em que vivemos. E, no entanto, existe no mundo de hoje uma quantidade infinita de ódio, inveja, ciúme e violência: não só entre as pessoas individuais, mas também entre os grupos sociais e étnicos, entre as classes e raças, nações e religiões. O uso da violência, o tráfico de drogas e o crime organizado, dispondo muitas vezes dos mais modernos recursos técnicos, alcançaram dimensões globais. Em muitos lugares se governa com o terror vindo "de cima"; ditadores violentam seus próprios povos, e a violência institucional está amplamente difundida. Até mesmo em muitos países onde existem leis para a proteção das liberdades individuais, os presos são torturados, as pessoas mutiladas e os reféns assassinados.

Mas das grandes e antigas tradições religiosas e éticas da humanidade ressoa esta advertência: *Não matarás!* Ou, formulado positivamente: *Respeitarás a vida!* Reflitamos, pois, novamente sobre as consequências desta antiquíssima norma: Todo homem tem direito à vida, à integridade física e ao livre desenvolvimento de sua personalidade, enquanto isto não ofenda os direitos dos outros. Pessoa alguma tem o direito de torturar física ou psiquicamente outro semelhante e muito menos de matar. E nenhum povo, nenhum estado, nenhuma raça, nenhuma religião tem o direito de discriminar, de "limpar", de exilar e muito menos de liquidar uma minoria de características e crenças diferentes.

É certo que, onde existem seres humanos, hão de existir conflitos. Mas tais conflitos devem ser solucionados basicamente sem violência dentro de uma ordem de direito. Isto vale para o indivíduo, da mesma forma que para os estados. Justamente os detentores do poder político são solicitados a se restringirem à ordem de direito e a defenderem na medida do possível as soluções não violentas e pacíficas. Deveriam engajar-se por uma ordem internacional de paz, que por sua vez precisa de proteção e defesa contra os que usam de violência. Armar-se é um erro, o desarmamento é uma exigência do momento. Que ninguém se engane: não existe sobrevivência da humanidade sem paz no mundo!

Por isso, já na família e na escola, deveriam os jovens aprender que a violência não pode ser um meio de discussão com os outros. Só assim é possível criar-se uma *cultura da não-violência.*

A pessoa humana é infinitamente preciosa e precisa ser protegida a todo custo. Mas também *a vida dos animais e das plantas*, que povoam conosco este planeta, merece proteção, respeito e cuidado. A exploração desenfreada dos recursos vitais da natureza, a destruição brutal da biosfera, a militarização do cosmos, é um crime. Como pessoas humanas nós temos – em consideração, precisamente, com as gerações futuras – uma responsabilidade especial pelo planeta Terra e o cosmo, o ar, a água e o solo. Neste cosmo, nós *todos* estamos *interligados uns com os outros* e dependemos uns dos outros. O bem de cada um depende do bem do todo. Por isso é válido dizer: Não é a dominação do homem sobre a natureza e o cosmo que deve ser alardeada, mas a comunhão com a natureza e o cosmo deve ser cultivada.

Dentro do espírito de nossas grandes tradições religiosas e éticas, sermos verdadeiramente humanos significa sermos cuidadosos e solícitos, e isto tanto na vida privada como na vida pública. Nunca deveríamos agir sem solicitude e com brutalidade. Todo povo deve ter para com o outro, toda raça para com a outra, toda religião para com a outra, tolerância ou mesmo respeito. As minorias – sejam elas de natureza racial, étnica ou religiosa – precisam de nossa proteção e de nosso apoio.

Parlamento das grandes religiões, *Declaração sobre o Etos Mundial.* A primeira das quatro normas indispensáveis

III
O desejo de salvar todos os seres sensíveis

Compassivos no espírito com todos os seres

Dito foi isto na verdade pelo Excelso, dito pelo Santo; assim o ouvi:

"Quaisquer que sejam, ó monges, as coisas que dentro do ciclo dos nascimentos alcancem méritos de virtude – todas elas não têm o valor de uma décima sexta parte do amor, da redenção do sentimento; pois o amor, a redenção do sentimento as abrange, ilumina, inflama e irradia. Ó monges, assim como o brilho de todas as estrelas não possui uma décima sexta parte do brilho da lua, já que o brilho da lua as abrange, ilumina, inflama e irradia – da mesma forma, ó monges, (vale:) sejam quais forem, ó monges, as coisas que dentro do ciclo dos nascimentos produzem mérito e virtude – todas elas não têm o valor de uma décima sexta parte do amor, da redenção do sentimento; pois o amor, a redenção do sentimento as abrange, ilumina, inflama e irradia..."

Neste sentido falou o Excelso; (com referência) a isto se diz:

"Quem faz surgir o amor,
sem medidas, cuidadoso –
tênues se tornam os laços
a quem visa livrar-se de aderências.
Mostrando amor a *um* ser vivo que seja, sem malícia,

já passa com isto a ser virtuoso.
Compassivo em espírito com todos os seres,
alcança o nobre ricos méritos.
Os que, depois de vencer a terra
com todas as suas multidões,
saem, como sábios e reis,
oferecendo sacrifícios,
não possuem uma décima sexta parte do valor
de um ânimo amável e bondoso.
Quem não mata, quem não faz matar,
não oprime, não permite opressão,
mostra amor a todos os seres
e (não teme) de ninguém a inimizade."

Também este sentido foi manifestado pelo Excelso; assim o ouvi.

Ensinamento de Buda (Itivutaka n. 27)

Quem mata e come seres vivos

Eis que um *bhikhu* (monge) se encontra, por exemplo, perto de uma aldeia ou de uma pequena cidade e enche o mundo inteiro de bondade desinteressada, depois de compaixão, depois de alegria compartilhada, depois de serenidade. Este *bhikhu* é convidado por um senhor ou por seu filho para no dia seguinte almoçar em sua casa. Se o *bhikhu* quiser, aceitará o convite, e na manhã seguinte irá à casa do senhor, sentar-se-á aí e será servido pelo senhor com excelentes iguarias. Então ele não pensa por exemplo: 'O senhor me tratou bem, ah se no futuro ele quisesse tratar-me da mesma maneira!' Ele aceita a comida sem se deixar prender, cativar ou aprisionar por ela, mas vê a desvantagem e sabe como escapar-lhe. Achas tu que numa ocasião como essa o *bhikhu* está preocupado em prejudicar a si mesmo ou a outros, ou ainda a ambos?" – "Não, senhor!" – "Ou o bhikhu toma nessa ocasião alimentação irrepreensível?" – "Sim, senhor! Eu ouvi que Brahma exerce bondade desinteressada, interesse, piedade, alegria compartilhada e serenidade. No Excelso eu vi isto com meus próprios olhos, pois o Excelso sempre exerce bondade, piedade, alegria compartilhada e serenidade". – "Cobiça, ódio e cegueira, de onde surge o mal, o Iluminado destruiu e arrancou, de modo que já não podem voltar a nascer. Se com tuas palavras quiseste dizer isto, eu concordo contigo". – "Foi exatamente isto que eu quis dizer, senhor!" – "Quem por causa do Iluminado ou por causa de um de seus discípulos mata seres vivos, este comete cinco vezes grave injustiça: primeiro porque manda trazer o animal, segundo porque o animal, enquanto é trazido a tremer, sofre dor e tormento, terceiro porque manda matar o animal, quarto porque o animal, enquanto é morto, sofre dor e tormento, quinto porque trata o Iluminado ou seu discípulo de maneira inadequada."

Discursos de Buda

Não matar mais animais

Este escrito sobre o dhamma foi escrito por ordem do Rei Devānām Piya (D.P.):

Aqui, nenhum (ser) vivo pode mais ser morto para fins de sacrifício. Nem é permitido fazer reuniões. Pois muito mal vê o Rei D.P. em reuniões. Mas existem certas reuniões que são aprovadas pelo Rei D.P.

Antes eram mortos na cozinha do Rei D.P. muitas centenas de milhares de animais para preparar o caldo de carne.

Mas agora, depois que foi feito este escrito sobre o dhamma, somente três animais são mortos: dois pavões (e) uma gazela, mas a gazela também nem sempre.

Mas no futuro também estes três animais não (mais) serão mortos.

1º edito de campanha do Imperador Maurya,
Açoka (séc. III aC)

Toda e qualquer criatura

Qualquer que seja nossa atitude perante a vida, quer tenhamos uma orientação pragmática ou outra orientação qualquer, um fato básico com que clara e diretamente nos defrontamos é o desejo de paz, segurança e felicidade, buscado por todos os seres. Tanto quanto o homem, as criaturas mudas amam a vida. Até mesmo o menor inseto busca proteção dos perigos que ameaçam sua vida. Como qualquer um de nós deseja para si a felicidade e teme o sofrimento, como qualquer um de nós deseja viver e não morrer, também é exatamente este o anseio mais profundo de todas as outras criaturas.

A capacidade de pensar racionalmente e a capacidade de expressar-se através da fala elevam o homem acima de seus amigos mudos. Mas, em busca do sossego, da comodidade e da segurança, com excessiva frequência o homem emprega meios inadequados, ou mesmo brutais e repulsivos. Quando por motivos egoístas se cometem crueldades desumanas, quando se maltrata o próximo ou os animais, estamos diante de comportamentos inteiramente inadequados à posição e à capacidade evolutiva do homem. Infelizmente, estes comportamentos quase fazem parte da ordem do dia. Atos insensatos deste tipo apenas trazem sofrimentos para a própria pessoa e para os outros. Para nós, que nascemos como seres humanos, é de vital importância exercermos benevolência e realizarmos ações meritórias para nosso próprio proveito e para o proveito dos outros, nesta vida e em vidas futuras. Ter nascido como um ser humano é uma rara sorte, e deveríamos aproveitar esta preciosa ocasião com o máximo possível de sabedoria, habilidade e proveito.

O budismo, com sua ênfase sobre o amor universal e a compaixão, está perpassado de conceitos e ideais totalmente não violentos e pacíficos. O budismo oferece ao mesmo tempo recursos únicos e de perpétua validade para alcançar a paz e a segurança, e de que tanto os homens como também os animais podem tirar geral proveito. É correto dizer que o amor-bondade e a compaixão são as duas colunas sobre as quais repousa todo o edifício do budismo. Destruir e ofender a vida é rigorosamente vedado. Prejudicar ou matar qualquer ser que seja – desde os mais altamente desenvolvidos até os mais primitivos, do homem até o menor dos insetos – tem que ser por todos os meios evitado. O Buda diz: "Não prejudiques a ninguém! Da mesma maneira como sentes afeição quando vês uma pessoa a quem de coração amas, exatamente desta mesma maneira deverias estender este amor-bondade a todas as criaturas". Aqueles que seguem a senda mahayana são aconselhados não somente a evitar um comportamento prejudicial, mas também a desenvolver um intenso sentido de compaixão. Isto traz consigo um grande desejo de salvar todos os seres sensíveis de suas dores e sofrimentos.

O desenvolvimento da Grande Compaixão *(mahakaruna)* no espírito há de preparar o terreno para o completo amadurecimento do precioso espírito de iluminação, condição indispensável para alguém atingir o estado supremo de um bodhisattva. É chamado bodhisattva aquele que tenha enchido seu espírito com pura compaixão e compostura, duas qualidades que surgem da tendência altruísta por iluminação.

Dalai-Lama, Ioga do espírito

Sem o meu cão, não

Quando Yudhistira atingiu o cume do Himalaia, apareceu-lhe o grande Deus Indra em seu carro fulgurante a fim de conduzi-lo ao reino celeste. Yudhistira seria o único homem a quem seria concedido o privilégio de poder entrar no céu em sua forma mortal. Quando Indra o mandou subir ao seu carro, Yudhistira disse-lhe que sua mulher e seus irmãos jaziam mortos no caminho. Sem eles, não poderia entrar no reino celeste. O grande Deus Indra garantiu-lhe que logo após sua morte estes teriam entrado no céu, e ali já estariam à sua espera.

Yudhisthira prosseguiu: "Este cão nos seguiu desde que nos pusemos a caminho. Não quero entrar no céu se o cão não entrar comigo".

Indra falou: "Ainda hoje hás de conquistar a imortalidade, a redenção e a perpétua bem-aventurança. Não cometerás nenhum pecado se deixares para trás este cão impuro".

"Não", insistiu Yudhistira, "nem por todos os tesouros do céu quero abandonar este cão".

Indra retrucou: "O cão é um animal impuro. Quem segura um cão não pode alcançar o céu. Os deuses da ira, os Krodhavasas, destroem todas as oferendas quando se encontram na presença de um cão. Não te fazes culpado de infidelidade abandonando este animal repugnante".

Mas Yudhistira permaneceu inflexível. Preferia renunciar ao céu. Ele havia deixado para trás a mulher e os irmãos, porque estes teriam morrido a caminho e ele nada poderia ter feito por eles. Mas este cão estava com ele. Como poderia abandoná-lo, a ele que buscara sua proteção e lhe fora fiel e dedicado?

Mas o cão não era nenhum cão e sim o próprio Yama, o Deus da morte e da justiça, sob a forma de um cão. Ele desfez-se agora desta aparência e manifestou-se diante de Yudhistira em sua verdadeira forma. E disse: "Eu te segui sob a forma de um cão para te pôr à prova. És verdadeiramente piedoso e bom para com todas as criaturas. Já uma vez te pus à prova, quando durante o tempo de vosso exílio vivíeis na floresta e mandaste teus irmãos em busca de água, quando todos perderam a vida. Quando então te prometi tornar a despertar um deles para a vida, não pediste a vida de nenhum de teus irmãos de pai e mãe, mas sim a de teu meio irmão Nakula. Possuis verdadeiramente sentimentos nobres. Nenhum se iguala a ti no céu. És bem-vindo ao esplendor e às alegrias celestes".

Mahabharata

Proteger a vaca

No centro do hinduísmo, se encontra a proteção à vaca. A proteção à vaca é para mim um dos fenômenos mais maravilhosos no desenvolvimento do homem. Ele faz o homem superar sua própria espécie. Para mim a vaca representa toda a criação não humana. Através da vaca, é dada ao homem a tarefa de realizar sua unidade com tudo quanto tem vida. Para mim está perfeitamente claro por que a vaca foi escolhida para esta apoteose. Na Índia a vaca é o melhor amigo, foi ela a verdadeira cornucópia. Não somente a vaca dá leite, mas só através dela é que se torna possível a agricultura. A vaca é um poema de compaixão. A compaixão pode ser aprendida com o amável animal. Na Índia ela é a mãe de milhões. Proteger a vaca significa proteger todas as criaturas de Deus que não falam. Este é o presente do hinduísmo ao mundo. E o hinduísmo há de viver enquanto existirem hindus para protegerem a vaca.

*

Para mim a vaca é a inocência em pessoa. Proteger a vaca significa proteger o fraco e o desamparado..., a fraternidade entre o ser humano e o animal. Este é um sentimento nobre, que precisa aumentar através do esforço paciente e da *tapasya* (mortificação). A ninguém pode ele ser imposto. Promover a proteção à vaca com a espada desembainhada é uma ideia contraditória.

Os *rishis* dos tempos antigos, como se diz, fizeram penitência pela causa da vaca. Sigamos as pegadas dos *rishis* e façamos nós também penitência, a fim de sermos suficientemente puros para a proteção da vaca e tudo quanto esta doutrina significa e traz dentro de si.

Mahatma Gandhi, *Liberdade sem violência*

Irmão lobo

No tempo em que São Francisco morava na cidade de Gúbio, apareceu no Condado de Gúbio um lobo grandíssimo, terrível e feroz, o qual não somente devorava os animais como os homens, de modo que todos os citadinos estavam tomados de grande medo, porque frequentes vezes ele se aproximava da cidade; e todos andavam armados quando saíam da cidade, como se fossem para um combate; contudo, quem sozinho o encontrasse não se poderia defender. E o medo desse lobo chegou a tanto que ninguém tinha coragem de sair da cidade.

Pelo que São Francisco, tendo compaixão dos homens do lugar, quis sair ao encontro do lobo; se bem que os citadinos de todo não o aconselhassem: e, fazendo o sinal da santa cruz, saiu da cidade com os seus companheiros, pondo toda sua confiança em Deus. E temendo os outros ir mais longe, São Francisco tomou o caminho que levava ao lugar onde estava o lobo. E eis que, vendo muitos citadinos, os quais tinham vindo para ver aquele milagre, o dito lobo foi ao encontro de São Francisco com a boca aberta: e chegando-se a ele São Francisco fez o sinal da cruz e o chamou a si, e disse-lhe assim: "Vem cá, irmão, logo, ordeno-te da parte de Cristo que não faças mal nem a mim nem a ninguém". Coisa admirável! Imediatamente após São Francisco ter feito a cruz, o lobo terrível fechou a boca e cessou de correr; e dada a ordem, vem mansamente como um cordeiro e se lança aos pés de São Francisco como morto. Então São Francisco lhe falou assim: "Irmão lobo, tu fazes muitos danos nesta terra e grandes malefícios, destruindo e matando as criaturas de Deus sem sua licença; e não somente mataste e devoraste os animais, mas tiveste o ânimo de matar os homens feitos à imagem de Deus; pela qual coisa és digno da forca, como ladrão e homicida péssimo; e toda a gente grita e murmura contra ti, e toda esta terra te é inimiga. Mas eu quero, irmão lobo, fazer a paz entre ti e eles; de modo que tu não mais os ofenderás e eles te perdoarão todas as passadas ofensas, e nem homens nem cães te perseguirão mais".

Ditas estas palavras, o lobo, com o movimento do corpo, da cauda, das orelhas e com inclinação de cabeça, mostrava de aceitar o que São Francisco dizia e de o querer observar. Então São Francisco disse: "Irmão lobo, desde que é do teu agrado fazer e conservar esta paz, prometo te dar continuadamente o alimento enquanto viveres, pelos homens desta terra, para que não sofras fome; porque sei bem que pela fome é que fizeste tanto mal. Mas, por te conceder esta grande graça, quero, irmão lobo, que me prometas não lesar mais a nenhum homem, nem a nenhum animal: prometes-me isto?" E o lobo, inclinando a cabeça, fez evidente sinal de que o prometia... E então disse São Francisco: "Irmão lobo, eu te ordeno em nome de Jesus Cristo que venhas agora comigo sem duvidar de nada, e vamos concluir esta paz em nome de Deus". E o lobo obediente foi com ele, a modo de um cordeiro manso.

E subitamente esta novidade se soube em toda a cidade; pelo que toda a gente, homens e mulheres, grandes e pequenos, jovens e velhos, vieram à praça para ver o lobo com São Francisco. E estando bem reunido todo o povo, São Francisco se pôs em pé e pregou-lhe dizendo, entre outras coisas, como pelos pecados Deus permite tais pestilências; e que muito mais perigosa é a chama do inferno, a qual tem de durar eternamente para os danados, do que a raiva do lobo, o qual só pode matar o corpo; quanto mais é de temer a boca do inferno, quando uma tal multidão tem medo e terror da boca de um pequeno animal! "Voltai, pois, caríssimos, a Deus, e fazei digna penitência dos vossos pecados, e Deus vos livrará do lobo no tempo presente, e no futuro do fogo infernal".

E acabada a prédica, disse São Francisco: "Ouvi, irmãos meus; o irmão lobo, que está aqui diante de vós, prometeu-me e prestou-me juramento de fazer as pazes convosco e de não vos ofender mais em coisa alguma, se lhe prometerdes de dar-lhe cada dia o alimento necessário; e eu sirvo de fiador dele de que firmemente observará o pacto de paz".

Então todo o povo a uma voz prometeu nutri-lo continuamente. E São Francisco diante de todos disse ao lobo: "E tu, irmão lobo, prometes observar com estes o pacto de paz, e que não ofenderás nem aos homens nem aos animais nem a criatura nenhuma?" E o lobo ajoelha-se e inclina a cabeça, e com movimentos mansos do corpo e de cauda e de orelhas demonstra, quanto possível, querer observar todo o pacto. Disse São Francisco: "Irmão lobo, quero, do mesmo modo que me prestaste juramento desta promessa, fora de portas, também diante de todo o povo me dês segurança de tua promessa, e que não me enganarás sobre a caução que prestei por ti". Então o lobo, levantando a pata direita, colocou-a na mão de São Francisco.

Pelo que, depois deste fato, e de outros acima narrados, houve tanta alegria e admiração em todo o povo, tanto pela devoção do santo, e tanto pela novidade do milagre e tanto pela pacificação do lobo, que todos começaram a clamar para o céu, louvando e bendizendo a Deus, o qual lhes havia mandado São Francisco, que por seus méritos os tinha livrado da boca da besta cruel.

I Fioretti de São Francisco de Assis

Irmã rola

Um jovem havia apanhado um dia muitas rolas e levava-as a vender. Encontrando-o São Francisco, o qual sempre sentia singular piedade pelos animais mansos, olhando com os olhos piedosos aquelas rolas, disse ao jovem: "Ó bom moço, peço-te que mas dês, para que passarinhos tão inocentes, os quais são comparados na santa Escritura às almas castas e humildes e fiéis, não caiam nas mãos de cruéis que os matem". De repente, aquele, inspirado por Deus, deu-as todas a São Francisco; e ele, recebendo-as no regaço, começou a falar-lhes docemente: "Ó irmãs minhas, rolas simples e inocentes e castas, por que vos deixastes apanhar? Agora quero livrar-vos da morte e fazer-vos ninhos, para que deis frutos e vos multipliqueis, conforme o mandamento do vosso Criador". E vai São Francisco e para todas fez ninhos. E elas, usando-os, começaram a pôr ovos e criar os filhos diante dos frades e assim domesticamente viviam e tratavam com São Francisco e com os outros frades, como se fossem galinhas sempre criadas por eles. E dali não se foram enquanto São Francisco com sua bênção não lhes deu licença de partir.

E ao moço que lhas havia dado, disse São Francisco: "Filho, ainda serás frade nesta ordem e servirás graciosamente a Jesus Cristo". E assim foi; porque o dito jovem se fez frade e viveu na Ordem com grande santidade.

I Fioretti de São Francisco de Assis

Proteger os animais

Como (São Francisco) pretendeu persuadir o imperador a editar um decreto que no dia de Natal os homens alimentassem generosamente as aves, o boi, o asno e os pobres.

Nós, que vivemos com São Francisco e escrevemos estas palavras, somos testemunhas de que o ouvimos dizer várias vezes: "Se eu pudesse falar com o imperador, suplicar-lhe-ia que editasse, por amor de Deus, uma lei proibindo se capturarem ou matarem nossas irmãs cotovias, ou lhes causarem qualquer mal. E ordenando ainda que todos os prefeitos das cidades e todos os senhores de burgos e aldeias fossem compelidos todos os anos, no dia de Natal, a obrigarem o povo a lançar trigo e outros grãos pelos caminhos, fora das vilas e dos burgos para que nossas irmãs cotovias tivessem o que comer, como também as outras aves, em tão grande dia de festa". E, por respeito para com o Filho de Deus a quem nesta noite a Santíssima Virgem deu à luz numa manjedoura entre o boi e o asno, que quem quer que possuísse um destes animais deveria alimentá-lo generosamente nesta mesma noite. Do mesmo modo, neste dia os pobres deveriam ser abundantemente providos pelos ricos.

Relato sobre a vida de São Francisco de Assis
ou Espelho da Perfeição

Respeito a todos os seres vivos

A ética consiste, pois, em que eu sinta a necessidade de ter o mesmo respeito para com toda vontade de viver que com a minha própria. Com isto nos é dado o necessário princípio básico para que possamos imaginar a ética. Bom é o que preserva e favorece a vida; mau é o que destrói e impede a vida.

[...] O homem só é verdadeiramente ético quando obedece à necessidade de ajudar a toda vida a que pode ajudar, e que se envergonha de causar dano a todo e a qualquer ser vivo. Ele não se pergunta até onde esta ou aquela vida tem valor para merecer participação, nem se, ou até onde, ela ainda é capaz de sentir. Para ele a vida em si é santa. Não arranca nenhuma folha das árvores, não quebra uma flor, e toma cuidado para não pisar em nenhum inseto. Quando no verão ele trabalha à noite à luz da lâmpada, prefere manter a janela fechada e respirar um ar pesado a ver os insetos caírem um após o outro sobre sua mesa com as asas chamuscadas.

Quando após a chuva caminha pela estrada e vê a minhoca que se extraviou, ele se lembra de que ela terá que secar ao sol se não tiver tempo de encontrar terra em que possa esconder-se, e retira-a da pedra mortífera para a grama. Quando passa por um inseto que caiu numa poça, ele trata de estender-lhe uma folha ou um talo a fim de o salvar.

Não teme que zombem dele como sentimental. É este o destino de toda verdade, que antes de ser reconhecida ela seja objeto de riso. Antes passava por loucura admitir que os homens de cor seriam verdadeiros homens, e que teriam que ser tratados humanamente. A loucura passou a ser sabedoria. Hoje é considerado como um exagero estender até suas formas ínfimas a contínua atenção a todo ser vivo, como uma exigência da ética racional. Mas há de chegar o dia em que se há de julgar estranho que a humanidade tenha precisado tanto tempo para entender o dano inconsiderado à vida como incompatível com a ética.

A ética é a responsabilidade por tudo quanto vive, estendida além de todos os limites.

Definir a ética como o comportamento que visa o respeito diante da vida nos parece, em sua generalidade, uma definição fria. Mas esta é a única definição completa. A compaixão é por demais restrita para que a consideremos como a essência da ética. Pois compaixão designa somente o participar na vontade de viver de quem está sofrendo. Mas faz parte da ética compartilhar de todas as situações e de todas as aspirações da vontade de viver, de seu prazer, de seu desejo de viver plenamente, como igualmente de seu impulso para a perfeição.

Albert Schweitzer, A ética da veneração diante da vida

O bem de cada ser vivo

Quanto mais aumenta nosso conhecimento sobre os seres vivos, quanto mais chegamos a uma compreensão mais profunda de seus ciclos vitais, das interações existentes entre eles e os outros organismos, e das múltiplas maneiras como eles se adaptam ao seu ambiente, tanto melhor percebemos como cada qual realiza suas funções biológicas de acordo com a lei específica de cada espécie. Mas também, quanto mais soubermos e compreendermos, tanto mais aguda se torna a nossa consciência da unicidade de todo organismo individual. Cientistas que realizaram cuidadosos estudos de campo ou de laboratório em plantas e animais, muitas vezes tiveram a experiência de que no caso de seus objetos trata-se de indivíduos identificáveis. Observações as mais minuciosas possíveis, feitas ao longo de muito tempo, levaram-nos a valorizar as "personalidades" únicas de seus objetos. Por vezes um cientista desenvolve um interesse especial por um determinado animal ou planta, ao mesmo tempo que permanece estritamente objetivo na colheita e na elaboração dos dados. Quem não for cientista pode fazer observações semelhantes, observando minuciosamente, como amadores, organismos individuais durante longo tempo. Quanto mais nos familiarizamos com um organismo e seu comportamento, tanto mais sensibilidade desenvolvemos para a maneira particular como ele vive seu ciclo vital. Podemos até ficar fascinados por ele e sentir como participamos de sua felicidade ou infelicidade (isto é, da ocorrência de condições ambientais que favorecem ou que impedem o seu bem-estar). Os organismos adquirem uma importância como indivíduos únicos, insubstituíveis. Este processo atinge seu ponto culminante na profunda e autêntica compreensão de sua situação, e com isto na capacidade de "assumirmos" seu ângulo de visão. *Quando percebemos o organismo como um centro da vida, nós nos capacitamos a considerar o mundo a partir de seu ponto de vista.*

[...]

Considerado a partir de um ponto de vista ético, um centro teleológico de vida é uma entidade cujo "mundo" pode ser visto a partir de sua perspectiva.

[...]

De acordo com nosso papel humano de agentes morais, consideraremos um centro teleológico de vida como um ser cujo ponto de vista temos condições de assumir, para julgar que ocorrências são para ele boas ou más, desejáveis ou indesejáveis. O que serve de norma em tais julgamentos é o que favorece ou protege o bem deste ser vivo, e não o que traz proveito para o próprio agente moral. Tais julgamentos podem ser emitidos em relação a tudo quanto ocorre a uma entidade, a tudo que favorece ou desfavorece seu bem-estar. Para que tais julgamentos sejam importantes e verdadeiros, a própria entidade, como já explicado acima, não precisa ter nenhum interesse (consciente) no que lhe acontece.

Paul W. Taylor, A *ética do respeito diante da natureza*

O sofrimento dos animais

Não sabemos, na verdade, se já antes do surgimento do homem existia uma espécie de sofrimento psíquico nos animais. O que sente a fêmea do guepardo quando, sem nada poder fazer, ela vê o leão matar seus filhotes, não como alimento mas simplesmente por matá-los? O que sente a mãe-chimpanzé que por dias e dias carrega consigo o filhote morto, até finalmente desistir? O que sentem os filhotes jovens deixados sozinhos, que sentem os que são castigados por seu grupo por causa de algum comportamento errado, como já foi observado em chimpanzés? Podemos apenas traçar paralelos com nosso próprio comportamento. Mas parece claro que os animais conhecem um espectro mais amplo de sofrimento do que as simples dores corporais. No homem é provável que os sofrimentos psíquicos sejam mais importantes do que as dores físicas. Estas últimas podem ser fatais, mas o sofrimento psíquico vai mais fundo, atinge a pessoa em seu próprio cerne.

Dor e sofrimento estão claramente presentes em todos os níveis da vida, e quanto mais elevado o nível, tanto maior também o espectro de dores e sofrimentos. E não existe unicamente o passivo suportar de dor e sofrimento. E as causas destes sofrimentos vividos não são unicamente os efeitos incontrolados e incontroláveis dos elementos, como chuvas e tempestades, terremotos e vulcões etc., mas também as criaturas vivas, que são a causa mais generalizada de dor e sofrimento. A vida parece ser uma luta constante contra a penetração de bactérias, vírus e outras criaturas infecciosas. Animais lutam por seu espaço vital. O que chamamos com eufemismo – embora corretamente – de cadeia alimentar é a realidade do devorar e do ser devorado. Dentro das espécies, a luta pelo domínio, a prioridade sexual etc. são ocasiões de lutas sem fim. O sonho de animais de bom coração, entre os quais não ocorre o matar dentro da própria espécie, revelou-se como uma ilusão. Para ser aceito, tem-se que pertencer ao clã. Estranhos, é melhor ficarem de fora. Isto é muito claro, por exemplo, entre as formigas ou entre os ratos. Mas também já foram observados chimpanzés que mataram outros chimpanzés para ocupar seu território.

Karl Schmitz-Moormann, Matéria – Vida – Espírito

Sofrimento mudo

Niki, meu gato, sente quando de repente eu desapareço de seu mundo por algum tempo, mas ele não tem consciência desta ausência.

Mas não se parece com uma espécie de conhecimento, ou mesmo de consciência, quando ele me "procura" por vários dias, rosna atrás de mim, fareja intensamente minhas pegadas, pelas quais em geral não demonstra interesse...?

O cão que se deita sobre o túmulo do dono sofre, ninguém sabe com que intensidade. Literalmente, está morrendo de dor. E não poucos sofreram até morrer. Mas, será que ele sabe, que tem consciência do que aconteceu com seu dono e do que está acontecendo com ele próprio? Ele sente "saudade", sofre-a grave e amargamente (– de fazer pena! Senhor e Criador do cão, se existes – também sentes pena?), mas seu sofrimento é mudo, sem voz: a saudade o envolve, mas a palavra "saudade" ele não a tem; se a tivesse (de alguma maneira), se a falasse (mesmo que sem palavras), teria consciência de seu estado – graças ao distanciamento de que com isso se teria tornado capaz...

Ao que parece, no despertar do que chamamos de "consciência", reluz a possibilidade da distância – do di-star, a que estão ligados o "ver", o "mostrar" por gestos e sons e o designar – todos esses elementos primitivos da linguagem.

Fridolin Stier, Talvez seja dia em algum lugar

Falta de atenção

Longe da natureza,
o coração do homem se endurece.
Falta de atenção
para o que cresce e vive

também leva logo
à falta de atenção
para com as pessoas.

Lame Deer, Sioux

IV
Em harmonia com a natureza

És fraco e no entanto és forte

Tu que és santo, tem compaixão de mim e ajuda-me, eu te peço. És pequeno, e no entanto és grande o bastante para encheres teu lugar no mundo. És fraco, e no entanto és forte o bastante para teu trabalho, pois santos poderes te fortalecem. És também sábio, pois a santa sabedoria está sempre contigo. Que eu seja sempre sábio em meu coração, pois quando a santa sabedoria me guiar, esta vida sombria e confusa se transformará em luz permanente.

> Oração de um Dakota Teton, antes de escavar a despensa de um rato

Respeito à Mãe Terra

Tu exiges que eu lavre a terra. Devo tomar uma faca e dilacerar o seio de minha mãe? Quando eu morrer, ela não deixará que eu repouse em seu seio. Tu exiges que eu a escave à procura de pedras. Devo cavar sob sua pele em busca de seus ossos? Quando morrer, eu não poderei voltar ao seu corpo para nascer novamente. Tu exiges que eu corte o capim para fazer feno e vendê-lo, a fim de enriquecer como os homens brancos. Mas como posso ter a coragem de cortar os cabelos de minha mãe?

> Discurso do chefe indígena Smohalla ao Major MacMurray

Harmonia com as forças da natureza

Não compreendeis nossas orações.
Nunca tentastes compreendê-las.
Quando nos dirigíamos à Lua,
ao Sol,
ou aos ventos selvagens,
nos condenastes sem nos entender;
só porque nossas orações são diferentes das vossas.
Mas nós vivemos em harmonia com as forças da natureza!

Walking Buffalo

Ligação com a Terra

Tudo que vive é seu canto,
Tudo que morre é seu canto.
Também o vento que sopra é um canto da Terra,
E a Terra quer cantar todos os seus cantos.

Canto da Terra dos Dakotas

Sou eu quem caminha nos ventos.
Sou eu quem sussurra nos juncos.
Eu que sacudo as árvores,
Eu que abalo a Terra,
Em toda parte eu revolvo as águas.

Canto dos índios Ottawa

Do espírito divino e da Mãe Terra

Sou alguém que procede do espírito divino,
Meu corpo surgiu da Mãe Terra.
Por que nasci,
não sei dizer.
O certo é que estou aqui.

Para mim é importante
de onde vim e para onde vou.
Rezo para encontrar meu destino,
um templo sobre uma base espiritual,
para que minha vida vá em busca de duração divina.

Rezo ao Grande Espírito
que minha vida lhe seja agradável,
que meu povo lhe seja agradável,
para que me esforce durante o dia
e repouse em sua noite,
e que em sua graça eu alcance o fim.

Oração dos Sioux

Parte da natureza

A montanha –
torno-me uma parte dela.

As ervas, o pinheiro –
torno-me uma parte deles.

A névoa da manhã,
as nuvens, as águas que confluem –
torno-me uma parte delas.

O sol
que desliza sobre a terra –
torno-me uma parte dele.

O mato
a gota de orvalho,
o pólen das flores –
torno-me uma parte deles.

Oração dos Navajos

Lágrimas de compaixão pelos ancestrais e pela terra

O céu lá em cima, que desde séculos incontáveis chorou lágrimas de compaixão por nossos ancestrais, e que nos parece eterno, mesmo assim pode estar sempre a mudar. Hoje ele está claro, amanhã nuvens poderão encobri-lo. Minhas palavras são como estrelas que não se põem. O que Seattle diz ao grande capitão Washington, nisto ele pode confiar com a mesma segurança com que nossos irmãos caras-pálidas confiam no retorno das estações.

Nossos mortos nunca esquecem este belo mundo que lhes deu a vida. Continuam amando as curvas dos rios, as magníficas montanhas e os vales solitários; e sentem sempre meigo afeto pelos que vivem com o coração abatido; e muitas vezes retornam a fim de os visitar e consolar.

Vossa proposta parece justa, e penso que meu povo a haverá de aceitar, retirando-se para a reserva que lhe ofereceis; e viveremos separados e em paz; pois as palavras do grande capitão branco parecem ser a voz da natureza falando a meu povo da escuridão insondável, que nos envolve tão rapidamente como a densa névoa vinda do mar da meia-noite.

Não importa tanto como haveremos de viver o restante de nossos dias. Deles já não restam muitos. A noite do índio promete ser escura. Nenhuma estrela pode ser vista a brilhar no horizonte. Os ventos choram distantes e tristes lamentos. Uma deusa feroz da vingança de nossa raça está ao encalço do Pele-Vermelha; e para onde quer que se volte, sempre há de escutar os passos do cruel destruidor que se aproxima inexorável e preparar-se para escapar ao seu destino – como a corça ferida que ouve os passos do caçador que se aproxima.

Só mais umas poucas luas, uns poucos invernos: e nenhuma das imensas multidões que um dia encheram as vastidões desta terra, e que agora em grupos isolados vagueiam pela solidão, há de restar para chorar junto aos túmulos de um povo, que um dia, tanto quanto o vosso, foi forte e cheio de esperanças.

Mas, por que haveríamos de queixar-nos? Por que deveria eu murmurar pelo destino de meu povo? As tribos consistem de indivíduos, e não são melhores do que estes. Os homens vêm e vão como as ondas do mar. Uma lágrima, um lamento, e terão desaparecido para sempre de nossos saudosos olhares. Também o Homem Branco, cujo Deus andou com ele e lhe falou como amigo a um amigo, não está excluído deste destino universal. No final das contas, talvez sejamos irmãos. Veremos. Vamos refletir sobre vossa proposta, e quando tivermos decidido, vos faremos saber. Mas caso a aceitemos, já ponho aqui e agora uma primeira condição: que não nos seja negado o direito de, sem ser molestados, podermos à vontade visitar os túmulos de nossos ancestrais e amigos.

Cada pedaço desta terra é sagrado para o meu povo. Cada encosta, cada vale, cada planície e cada bosque é santificado por uma suave lembrança ou por uma triste experiência de minha tribo. Mesmo os rochedos da costa, que em sua solene grandeza parecem mudos e pensativos sob o sol causticante, estão embebidos de recordações de acontecimentos passados e ligados ao destino do meu povo. E até o pó debaixo de nossos pés responde melhor aos nossos passos do que aos vossos; pois é a cinza de nossos ancestrais, e nossos pés descalços sentem o contato benévolo, pois o chão foi enriquecido com a vida de nossas famílias.

O discurso de Seattle de 1853/1854,
na "versão original" de 1887

A terra é nossa mãe, talvez até sejamos irmãos e irmãs

Cada pedaço desta Terra é sagrado para o meu povo. Cada folha cintilante de pinheiro, cada névoa clara nos bosques sombrios, e cada zumbir de inseto é sagrado na lembrança e na experiência do meu povo. A seiva que sobe nas árvores traz em si a recordação do Pele-Vermelha...

Que é o ser humano sem os animais? Se os animais deixassem de existir, os seres humanos morreriam com a grande solidão do coração. Pois tudo quanto acontece aos animais logo há de acontecer também aos seres humanos. Todas as coisas estão interligadas.

O que quer que aconteça à Terra, há de acontecer também aos filhos da Terra.

Deveis ensinar aos vossos filhos que o chão debaixo de seus pés é a cinza de nossos avôs e avós. Para que vossos filhos respeitem a Terra, dizei-lhes que a Terra é rica das almas de nossos ancestrais.

Ensinai aos vossos filhos o que nós ensinamos aos nossos: que a Terra é nossa mãe.

O que quer que aconteça à Terra, há de acontecer também aos filhos da Terra. Quando as pessoas cospem na Terra, elas estão cuspindo em si mesmas.

Disto estamos certos: a Terra não pertence ao homem; é o homem que pertence à Terra.

Disto estamos certos: todas as coisas estão ligadas entre si como o sangue que une uma família.

Todas as coisas estão interligadas.

O que quer que aconteça à Terra, acontece também aos filhos da Terra. O homem não criou o tecido da vida; ele é apenas uma fibra deste tecido. O que quer que ele faça a este tecido, é a si mesmo que o faz...

Iremos, pois, refletir sobre vossa proposta de comprar nossa Terra. Se concordarmos, a razão há de ser a garantia da reserva que nos prometestes. E ali talvez possamos viver nossos breves dias até o fim, como seria nosso desejo. Quando o último Pele-Vermelha houver desaparecido desta Terra, e a lembrança dele for apenas a sombra de uma nuvem pairando sobre os prados, estas costas e florestas continuarão a abrigar ainda as almas de minha tribo. Pois elas amam esta Terra assim como o recém-nascido ama o pulsar do coração da mãe.

Se, pois, vos vendermos nossa Terra, amai-a como nós a amamos.

Cuidai dela, como nós dela cuidamos.

Trazei em vossos corações a recordação da Terra como ela é quando dela tomardes posse.

E com todas as vossas forças, com todo vosso entendimento, com todo vosso coração preservai-a para vossos filhos e amai-a [...] assim como Deus nos ama a nós todos.

De uma coisa estamos certos. Nosso Deus é o mesmo Deus.

Esta Terra lhe é preciosa. Os próprios homens brancos não podem ficar de fora do destino comum. No fundo, talvez sejamos irmãos e irmãs. Veremos.

O chamado discurso de Seattle, versão mais recente de
1970/1971

Canto de mim mesmo

Creio que um talo de capim não é menos que a obra das estrelas,
E que a formiga é igualmente perfeita,
E um grão de areia e o ovo da garriça,
E o caracol uma obra-prima do Altíssimo,
E os salões celestes bem que podiam ser enfeitados com amoras trepadeiras!
E a menor das juntas de minha mão faz vergonha a qualquer mecanismo,
E a vaca ruminando com a cabeça baixa supera toda imagem,
E um rato é maravilha bastante para abalar sextilhões de descrentes.
Sinto incorporar em mim a rocha, o carvão, o musgo felpudo, as frutas e espigas e raízes comestíveis,
E estou recoberto com um estuque de quadrúpedes e pássaros,

Por boas razões superei de muito o que ficou atrás,
Mas se quiser chamarei de volta tudo a mim.

Walt Whitman, *Hinos à Terra*

A terra chora

Os brancos estragam nossa terra, fazem gemer a natureza inteira. Cortam as ervas com longas facas, estragam a erva e fazem-na chorar. Matam as árvores com ferros assassinos, ofendem as árvores, e as árvores choram. Abrem as entranhas da Terra, causam dores à Terra, e a Terra chora. Envenenam a água de nossos rios cristalinos e a fazem turva, os peixes morrem, e peixes e rios choram. Vede: os peixes e rios choram, as árvores choram, a Terra chora, as ervas do campo choram – os brancos fazem gemer a natureza inteira. Oh ingratos! O castigo também há de alcançá-los.

Indiano

A Terra nos ama

A Terra nos ama,
Ela fica alegre quando nos ouve cantar!

De um cântico dos Pés Pretos

Vida é gratidão

Aiaia-aia-iaia
Esta terra ao redor de minha casa

parece-me
ainda mais bela,
porque me foi dado
ver rostos estranhos.
Tudo é mais belo.
Tudo é mais belo.
Vida é gratidão.
Estes meus hóspedes
engrandecem minha casa.
Aiaia-aia-iaia.

Canto de alegria dos esquimós Iglulik

Fraterna união

Ainda hoje os índios daqui acreditam

Que tudo está unido em torno deles, como irmãos,
Quer seja pedra, ou folha, ou bicho.
E creem também que o espírito de todos os homens
Que vigiaram conosco
Sempre está conosco,
Todos os dias e todas as noites.

Fredrik Hetmann, O rastro dos Navajos

No abraço da Terra

Quando o índio se inclina para a terra, ele ouve uma voz suave, como a melodia do canto com que uma mãe acalenta o seu filho. E se o pudesses ver nesse momento, vê-lo-ias sorrir qual criancinha.

Enquanto coloca as sementes nas covas, sua mão acaricia a Terra e seu olhar enche-se de ternura.

Depois o índio vai e deita-se para repousar no chão, que é para ele como o colo da mulher amada.

O amor nas noites do índio a dormir abraçado com a terra, envolvido com o ar e coberto com as estrelas do céu, é uma coisa que só ele conhece e não a conta a ninguém.

E assim com muitas coisas que existem só para ele. Se não as tivesse, que teria ele ainda? Pensa nisto como queiras, mas se quiseres saber dele alguma coisa, empenha-te por descobri-la e não lhe faças perguntas.

Antonio Medíz Bollo, *Lendas dos maias*

Veado e faisão

O lépido e belo veado que corria livre e feliz pelas vastas planícies passou a ser hoje um animal tímido e perseguido, que com grande medo foge dos homens, escondendo-se nas moitas quando ouve as folhas secas estalando sob os passos.

Vive como se estivesse amarrado e preso numa gaiola, e seu coração bate cheio de tremor diante do perigo. Ele não é mais o que era.

Antes vivia tranquilo e satisfeito, sem medo dos homens, que eram bons e sabiam amar. O grão dourado era guardado também para ele, e as mulheres e crianças o davam com as mãos puras.

O veado era o corpo, e o faisão o espírito do *mayab*, que voava sobre as cidades como o raio de sol fazendo amadurecer as frutas e acendendo o fogo sobre o altar daquele que tudo criou e que tudo renova.

Hoje o faisão só voa bem baixo, escondendo-se do dano e da mentira; ele vive triste, e com estes tempos sombrios as cores de suas penas se tornaram mais escuras.

Mas a voz no ar, que vem de longe e todos ouvem, manda o filho do *mayab* abrir os olhos e inflamar o coração.

Pois o faisão ainda há de pairar lá em cima em seu voo luminoso, e o trêmulo veado haverá de saltar livre e feliz na terra de nossos santos pais.

Tanto já se chorou por ela!

Antonio Medíz Bollo, Lendas dos maias

Irmão Sol, Irmã Lua, Mãe Terra

Altíssimo, onipotente, bom Senhor,
Teus são o louvor, a glória, a honra
E toda a bênção.

Só a ti, Altíssimo, são devidos;
E homem algum é digno
De te mencionar.

Louvado sejas, meu Senhor,
Com todas as tuas criaturas,
Especialmente o senhor irmão Sol,
Que clareia o dia
E com sua luz nos alumia.

E ele é belo e radiante
Com grande esplendor:
De ti, Altíssimo, é a imagem.

Louvado sejas, meu Senhor,
Pela irmã Lua e as Estrelas,

Que no céu formaste claras,
E preciosas e belas.

Louvado sejas, meu Senhor,
Pelo irmão Vento,
Pelo ar ou nublado
Ou sereno, e todo o tempo,
Pelo qual às tuas criaturas dás sustento.

Louvado sejas, meu Senhor,
Pela irmã Água,
Que é mui útil e humilde
E preciosa e casta.

Louvado sejas, meu Senhor,
Pelo irmão Fogo,
Pelo qual iluminas a noite,
E ele é belo e jucundo
E vigoroso e forte.

Louvado sejas, meu Senhor,
Por nossa irmã a mãe Terra,
Que nos sustenta e governa,
E produz frutos diversos
E coloridas flores e ervas.

Louvado sejas, meu Senhor,
Pelos que perdoam por teu amor,
E suportam enfermidades e tribulações.
Bem-aventurados os que as sustentam em paz,
Que por ti, Altíssimo, serão coroados.

Louvado sejas, meu Senhor,
Por nossa irmã a Morte corporal,
Da qual homem algum pode escapar.

Ai dos que morrerem em pecado mortal!
Felizes os que ela achar
Conformes à tua santíssima vontade,
Porque a morte segunda não lhes fará mal.

Louvai e bendizei a meu Senhor,
E dai-lhe graças,
E servi-o com grande humildade.

São Francisco de Assis, *Cântico das criaturas*

Francisco – Espelho da perfeita empatia com a criação

Como Francisco devotava particular amor à água, às pedras, ao bosque e às flores.

Depois do irmão Fogo, amava de modo todo particular a água, porque simboliza a santa penitência e as tribulações pelas quais as almas enxovalhadas são purificadas e porque a primeira ablução da alma se faz com a água do batismo. Quando lavava as mãos procurava um lugar apropriado de modo que a água que caísse não fosse calcada aos pés.

E recomendava ao irmão que cortava e preparava a lenha para o fogo que jamais abatesse a árvore inteira, mas cortasse de maneira que lhe restasse sempre uma parte intata por amor daquele que quis realizar nossa salvação sobre o lenho da cruz.

Costumava dizer ao irmão que tomava conta do jardim que não ocupasse todo o terreno com legumes, mas reservasse uma parte para as árvores que, em seu tempo, produzem nossas irmãs flores, por amor para com aquele que disse: "a flor dos campos e os lírios dos vales".

Recomendava ainda ao jardineiro que reservasse sempre uma parte do jardim para as ervas odoríferas e plantas que produzem belas flores, a fim de que, em seu tempo, elas convidassem ao louvor de Deus os homens que vissem tais ervas e flores. Pois toda criatura diz e proclama: "Deus me criou para ti, ó homem". Nós que vivemos com ele vimo-lo rejubilar-se interior e exteriormente à vista de todas as criaturas. Era tal o seu amor por estas maravilhosas criaturas que, ao tocá-las ou vê-las, seu espírito parecia não mais pertencer à terra, mas ao céu. Por causa do grande consolo que recebeu destas criaturas, compôs pouco antes de sua morte os "Louvores do Senhor nas suas criaturas" para incitar os corações dos que os ouvissem a louvar a Deus e para louvar, ele próprio, ao Senhor nas suas criaturas.

Relato sobre a vida de São Francisco de Assis
ou o Espelho da Perfeição

Manifesto dos povos da mata

Nós, os povos estabelecidos aqui há muito tempo, fazemos brilhar hoje sobre o céu do Amazonas o arco-íris de uma "Aliança dos Povos da Mata", e declaramos nosso desejo de preservar nossas formas de vida e as regiões onde nos estabelecemos. Temos certeza de que o futuro de nossas comunidades se encontra no desenvolvimento de suas capacidades pessoais e econômicas, mas também que a nação brasileira, por amor à sua identidade e ao respeito consigo própria, deve garantir-nos proteção. O acordo dos povos da mata que concluímos aqui no Acre reúne índios, seringueiros e habitantes das margens dos rios no esforço comum de proteger e preservar aquele grande e no entanto frágil ciclo vital formado por nossas matas, lagos, rios e fontes – pois ele é a fonte de nossas riquezas, o fundamento de nossas formas de vida e de nossas tradições culturais.

Segundo Congresso Nacional do Conselho Nacional
dos Seringueiros (Brasil 1989)

História da criação

Que é que traz para nós a história da criação? Ela nos enraíza em nossa origem e desperta respeito e pasmo pelo fato de estarmos aí. Onde isto acontece, ficamos menos expostos às manipulações e trivialidades, aos desvios, aos vícios e ao consumo. Respeito e admiração são as reações a uma rica história da criação. E o respeito deve também incluir-nos a nós mesmos, pois cada Eu é parte da história da criação a desenrolar-se. Sentimos nossa mútua ligação às outras criaturas e povos neste surpreendente planeta, neste surpreendente universo com seu trilhão de galáxias, cada uma com duzentos bilhões de estrelas. Ao ouvirmos a história da criação, ficamos sabendo quanto nossa existência é improvável. Por que existimos nós e não outros, que nunca existiram e nunca haverão de existir? Com que merecemos nossa existência? Por que exatamente este Eu único, e não outra combinação de genes, outros traços fisionômicos, uma voz diferente ou outra cor dos olhos, outros pais ou irmãos, outro lugar ou...

Dentro da moderna história da criação do cosmo, esta pergunta é ainda mais insistente, pois a história de dezenove bilhões de anos, que fez nascer nosso planeta, é imensa, complexa e obviamente cheia de acasos e de sortes. Se, por exemplo, ao longo de um período de 750.000 anos, a dilatação da bola de fogo primordial tivesse decorrido um milionésimo de segundo mais rápida ou mais lenta, ou se a temperatura desta bola de fogo tivesse sido um grau mais quente ou mais fria, nós não estaríamos aqui hoje. Quando ouvimos falar destas decisões que o universo tomou em nosso favor, sentimo-nos impelidos a dizer com Juliana de Norwich, uma mística inglesa do século XIV: "Antes do nosso começo já fomos amados". Então nos invade a gratidão. E pessoas gratas tornam-se de múltiplas maneiras criativas, sua fantasia é liberada, coisas reprimidas se libertam, a força é readquirida e a generosidade retorna.

Matthew Fox, *Espiritualidade da criação*

Espiritualidade da criação

A espiritualidade da criação ajuda-nos a reencontrar a importância da compaixão. Eckhart diz que a primeira irrupção de tudo quanto Deus faz é compaixão – com isto resumindo o melhor de todas as tradições espirituais, quer venham do Oriente ou do Ocidente, do Norte ou do Sul. Quando somos chamados filhas e filhos de Deus, este é um apelo para a compaixão, pois Deus é o compassivo, como o ensina a Bíblia Hebraica, e como também Jesus o entendeu. Compaixão é a essência de todas as doutrinas de todos os grandes espíritos, de Maomé a Isaías, de Lao-Tse ao cacique Seattle. Mas a compaixão foi sentimentalizada como "piedade" e separada de seu elo com o criar justiça e com o celebrar. A espiritualidade da criação recoloca a joia da autêntica fé religiosa no engaste da compaixão.

Com isto a tradição relativa à criação estabelece uma ligação entre a luta pela justiça e a busca da mística. As necessidades da comunidade passam a ser as do indivíduo, e vice-versa. Profecia, luta pela justiça e mística, vivência do respeito, do pasmo e da alegria, se encontram em relação dialética, numa tensão que por sua vez produz novas possibilidades para os indivíduos e para a sociedade.

Mas a espiritualidade da criação insiste em que a justiça deve reinar não apenas entre as pessoas, mas para toda a terra – justiça entre os homens, e entre os homens e a terra, com todas as suas criaturas. Se não nos empenharmos também pela justiça em favor do nosso lar, do nosso planeta Terra, não conseguiremos alcançar a verdadeira justiça entre os homens. Não existe uma escolha entre formas humanas e não-humanas. Na luta pela justiça, a floresta tropical não pode esperar até que os homens hajam obtido a sua justiça. Para isto tudo está por demais intimamente relacionado.

A luta pelo direito das baleias e do solo, das florestas e do ar, pode, além disso, abranger também a fantasia dos homens que parecem indiferentes à injustiça. Quando nos envolvemos na luta de libertação em favor de qualquer criatura de Deus, em última análise, estamos também adquirindo sensibilidade ao bem de toda a criação. Pois, como já sabiam os místicos, e como acaba de descobrir a ciência moderna, a compaixão significa a interdependência de todas as coisas – como pensava Eckhart. Também Hildegarda escreveu a este repeito que tudo está perpassado de comunhão. *A compaixão é o agir a partir de nossa comunhão mútua, é a práxis de nossa comunhão mútua.*

Mathew Fox, Espiritualidade da criação

O próprio mar e a própria terra

Quando velejo sobre o mar e não sinto mais vontade de mergulhar nele, fico com pena não só por causa do mergulho e também não só por causa dos peixes e dos outros animais marinhos, mas por causa do próprio mar. Quer seja tranquilo e amável, quer furioso e ameaçador, ele possui seu próprio caráter e sua dignidade própria. Poluímos não apenas a água e ofendemos o respeito aos outros seres vivos, quando os fazemos viver na sujeira e no veneno, mas poluímos também o próprio mar, em vez de o temermos e amarmos. Nele se encontram as origens da vida, e merece respeito, não apenas o produto, mas também o produtor. Sinto a mesma coisa quando vejo um campo em cujas margens o mato não mais floresce. Sinto pena das plantas que estão aqui a perecer, mas além disso sinto pena da própria terra, por não poder mais produzir toda esta vida.

Klaus Michael Meyer-Abich, *Revolta em favor da natureza*

V
Origens e motivos

Como a um irmão

Alcínoo:

"Vós, conselheiros e guias do povo feácio, escutai-me!
Ora Demódoco faça calar o instrumento sonoro.
Nem para todos, que estamos à mesa, é prazer escutá-lo.
Desde que a cear começamos e o divo cantor, seu relato,
não tem cessado este nosso conviva de dar aos soluços
larga expansão. Grande dor, certamente, angustia-lhe o peito.
Pare, portanto, o cantor, porque alegres fiquemos nós todos,
sem exceção, o estrangeiro e os de casa; que assim é mais certo.
Foi por sua causa, somente, que a festa e as canções promovemos,
os gratos dons e o retorno, o que damos por pura amizade.
Um peregrino mendigo a um irmão equivale, por certo,
para quem quer que no peito a centelha conserve do espírito."

Homero, *Odisseia*

Por calma e bondade interior

O nobre, a partir de sua calma interior, é generoso e tranquilo, o parvo está sempre excitado por uma razão qualquer.

Existe uma cortesia sem forma exterior: é a atenção. Existe uma tristeza sem vestes de luto: é a aflição. Existe uma música sem sons: é a alegria. Existe uma confiança que não depende de palavras, um respeito que não é provocado por ações, uma bondade que não precisa primeiro fazer o bem: é a intenção. Tocado com ira, o som do sino é guerreiro; tocado na tristeza, ele soa melancólico. Quando muda a intenção, muda também de acordo o som. Se, pois, uma verdadeira intenção de tal forma influencia o próprio metal e a pedra, quanto mais as pessoas.

Confúcio (551-479 aC)

Tendência do coração

Todos os homens trazem no coração esta tendência de não poder suportar passivamente o sofrimento que atinge outras pessoas: mesmo hoje em dia, quando alguém de repente vê uma criança a correr para o poço, ele experimenta susto e dor no coração. E tem estes sentimentos, não porque queira relacionar-se com os pais da criança, porque deseje ser elogiado por seus conterrâneos e amigos, ou porque não queira prejudicar sua boa fama. Mas eles dependem do que acontece, do que se vê. Mas quem quer que não conheça esta dor no coração, quem não sinta esta vergonha dos erros, este horror do mal, quem não ceda por si mesmo, quem não distinga entre o justo e o injusto, não pode mais ser considerado uma pessoa humana.

Esta dor no coração é o ponto de partida para uma relação amável com o outro. Envergonhar-se dos erros e ter horror ao mal é ponto de partida para o agir correto, distin-

guir o justo do injusto é ponto de partida para o conhecimento. A cada homem foram dados os pontos de partida
para relações amáveis com os outros, para o agir correto,
para os bons costumes e os conhecimentos, bem como os
quatro membros do seu corpo. Só temos estes quatro pontos de partida – mas quando alguém diz para si próprio que
não tem capacidade para aperfeiçoá-los, está se roubando a
si mesmo... todos só temos em nós estes pontos de partida:
quem reconhece isto e consegue desenvolvê-los todos e
dar-lhes forma – neste, tais pontos agem como fogo que começou a queimar, como uma fonte que acaba de irromper.
Quando as pessoas conseguem fazer com que nelas estes
inícios se tornem realidade, basta para protegê-lo em todos
os mares; e se alguém não consegue tornar isto realidade,
não consegue nem sequer servir aos seus pais.

...Quando seguimos um sentimento apropriado e agimos de acordo, a isto chamo de correto; quando não agimos
assim, não é por falta de capacidade nossa. Todos os homens têm dor compassiva, vergonha e recusa, respeitoso
cuidado e sentimento para o certo e o errado. A dor compassiva é (o começo) da relação amável com o outro; vergonha e recusa (começo) do agir correto; respeito e cuidado
(começo) dos bons costumes; sentimento quanto ao certo e
errado (começo) do conhecimento. Relações amáveis com
o outro, agir correto, bons costumes, conhecimento, estes
não nos foram infundidos de fora – assim como se funde
uma forma de metal – mas trazemos estas coisas em nós
como algo bem determinado. Não dirigimos nossos pensamentos constantemente para essas coisas. Por isso eu digo:
"No buscar estas coisas alcançamos o que está ao nosso alcance; no deixá-las de lado nós o perdemos".

Dos *Diálogos* de Meng Tzu (372-289 aC)

Ser ferido

Embora o sentimento para o certo e o errado, para o ceder e o ser complacente, para a vergonha e a repulsa com a dor profunda sejam mencionados conjuntamente nesta passagem, não obstante os três primeiros mencionados surgem da dor (ponto de partida para uma relação de amabilidade com o outro).

Só através das coisas é que o coração é tocado – sem elas, como haveríamos de exigir intensamente alguma coisa de nós mesmos! Também aquele que sempre conserva dentro de si o coração atento, só quando é tocado pelas coisas é que pode reconhecer o organismo de seu coração; quem além disso nos tempos de repouso está atento para conservar seu coração (pelo autoexame do passado), com o correr do tempo seu julgamento há de amadurecer cada vez mais. Quanto melhor puderem se desenvolver estes quatro pontos de partida, tanto mais nítida é a percepção de cada um, e com isto o trabalho de manter e cultivar o coração encontra novos pontos de partida para levar estes adiante.

Precisamente por não serem ainda o todo, eles são designados como "pontos de partida", e seu duplo sinal tem cada um o seu significado. Com o "ser ferido" (Ts'ê) surge o pensamento da dor; só mais tarde é que se chega à dor no profundo. Vergonha é pudor dos próprios erros, repulsa refere-se ao que no outro é abominável. Renunciar refere-se às próprias coisas, ceder é algo que envolve o outro. No reto julgamento as coisas tornam-se de ambos os lados claras em suas partes, mas a relação de amabilidade resume tudo. Relação de amabilidade sem as dores do estar ferido no fundo do coração seria apenas um amor genérico. Pensamento correto sem o sentimento da vergonha que surge com o mal seria apenas um julgamento. Só quando temos dentro de nós uma coisa ou uma ocasião é que seguimos esta determinada coisa que nos tocou – só então é que a coisa correspondente se desenvolve em nós. Por isso, quando vemos uma criancinha quase a cair no poço, primeiramente temos com isso uma determinada dor.

Só por um sentir-se ferido que nos causa dor é que resolvemos mover-nos – do contrário isto não acontece. Também só quando primeiramente um tal movimento foi provocado é que existe um início de vergonha e repulsa, de respeito e atenção, só então é que existe um começo de julgamento. O lugar em que o movimento começa é o sentir-se ferido, e se num caso como este alguém não se põe em movimento, ele não deve ser considerado como homem. Quando a partir destes inícios de movimento alguém não desenvolve mais o movimento, trata-se de alguém que não mais se envergonha quando deveria envergonhar-se, que não tem repulsa onde a deveria ter, e assim por diante... A ordem dada para tudo quanto vive, tudo quanto nasce e vive debaixo do céu e sobre a terra, está ligada a estes movimentos.

Meng Tzu descobriu estes quatro pontos de partida – Confúcio não os havia descoberto ainda. Ter descoberto estes quatro pontos de partida significa nada menos do que pacificar a sociedade humana.

E de alguém que os reconhece por estar constantemente a moldá-los, deste se pode dizer que vive! Sim, este seria realmente alguém que vive – que viveu a vida.

Chu Hsi (1130-1200 dC), *Comentário a Meng Tzu*

Fazer o que é necessário

Pequenos benefícios no tempo certo são os maiores para quem os recebe.

Benfeitor não é aquele que espera retribuição, mas aquele que por próprio impulso está pronto para fazer o bem.

Quando os que têm posses conseguem antecipar-se e ajudar e fazer o bem aos sem-posse, já estão presentes aqui o compadecer-se e o não ficar sozinho e o confraternizar-se e a mútua ajuda e a harmonia dos cidadãos e outros bens, tantos que ninguém seria capaz de enumerar.

Justiça significa: fazer o que é necessário, injustiça não fazer, mas deixar de lado o que é necessário.

Demócrito (460-371 aC)

Fontes históricas

O próximo foi primeiramente descoberto no estranho. E a compaixão surgiu em primeiro lugar para com o estrangeiro. Por isso esta compaixão é a forma primordial do amor ao ser humano. "Deveis amar o estrangeiro." E a primeira razão para isto diz o seguinte: "Pois fostes estrangeiros na terra do Egito". Assim, a partir da consciência histórica se torna vivo o novo sentimento exigido. Assim como não deve ocorrer a terrível lembrança da escravidão no Egito, tampouco se deve perguntar pelas qualidades morais do estrangeiro, muito menos por suas qualidades religiosas. Só o que se deve descobrir nele é o próximo. Assim, logo a compaixão surge aqui diretamente como amor.

Existe uma outra razão, que se baseia em Deus: "Deus ama o estrangeiro". Aqui se vê claramente que isto é mais tardio. Primeiro o homem tem que aprender a amar o estrangeiro, para poder entender que Deus ama o estrangeiro. Primeiro o amor deve ser despertado no homem como compaixão. Pois esta compaixão não falta aqui de maneira alguma, embora aparentemente só se manifeste como amor. "Pois conheceis o ânimo do estrangeiro." Assim se faz apelo ao próprio ânimo; sabeis o que o estrangeiro sente. Mas isto é recorrer à compaixão.

Hermann Cohen, *Religião da razão a partir das fontes do judaísmo*

Obra de misericórdia de um não batizado

Assim ocorreu que, com quinze anos, São Martinho teve que tornar-se cavaleiro. Ele só cavalgava acompanhado por um criado. A este ele servia mais do que o criado a ele, e muitas vezes tirava-lhe os sapatos e os limpava. Aconteceu que, num dia de inverno, ele passava a cavalo pela porta de Amiens. Veio-lhe então ao seu encontro um mendigo que estava nu e ainda não havia recebido esmola de ninguém. Então Martinho compreendeu que dele devia vir auxílio para o mendigo. Tirou, pois, a espada e cortou em duas partes o manto, a única coisa que lhe restava, e deu uma metade ao pobre e cobriu-se novamente com a outra parte. Na noite seguinte, ele viu Cristo em sonhos vestido com o pedaço do manto que ele havia dado ao pobre. E o Senhor dizia aos anjos que estavam à sua volta: "Martinho, que ainda nem foi batizado, vestiu-me com este manto". Mas com isto o santo não se tornou arrogante, antes reconheceu a bondade de Deus e fez-se batizar com dezoito anos de idade.

Legenda áurea

Motivo para a compaixão

Agostinho diz: "Temos compaixão quando em nosso coração compartilhamos o sofrimento pela necessidade alheia e com isso, quando podemos ajudar, somos impelidos à ajuda". Pois fala-se de compaixão (misericórdia) quando alguém tem um coração que se compadece (*miserum cor*) frente à miséria do outro. Mas a miséria opõe-se à bem-aventurança. Ora, faz parte da condição da felicidade que a pessoa alcance o que quer; pois, como diz Agostinho, "feliz é aquele que tem tudo quanto quer e que não quer nada de mau." Em oposição a isto, faz parte da miséria que o homem sofra o que não quer. Mas o homem quer de três maneiras. Primeiramente, com base na tendência natural; assim todos os homens querem o ser e a vida. De uma outra maneira o homem quer alguma coisa com base numa escolha antecedida por uma reflexão. De uma terceira maneira o homem quer alguma coisa não nela mesma, mas em sua causa; por exemplo, quando ele come um alimento prejudicial, nós dizemos que ele quer ficar doente. Desta forma o motivo da compaixão, na medida em que se trata de miséria, é primeiramente o que se opõe à tendência da natureza, a saber, males que prejudicam e provocam tristeza, e cujo contrário os homens buscam naturalmente. Por isso diz o filósofo: "Compaixão é um certo sentimento de dor [tristeza] por um mal manifesto que ameaça com perdição e dor". – Segundo, tais coisas provocam mais compaixão ainda quando se opõem à escolha da vontade. Por isso diz o filósofo nesta mesma passagem que provocam compaixão aqueles males "que o destino nos traz, por exemplo, quando nos advém um mal de onde esperamos um bem." – Mas em terceiro lugar provocam compaixão em medida mais elevada quando se opõem a toda a natureza da vontade; por exemplo, quando alguém sempre procurou o bem e sempre só obteve daí o mal. Por isso diz nesse mesmo lugar o filósofo que "sentimos maior compaixão pelo sofrimento daquele que sofre sem merecer."

Tomás de Aquino, Suma teológica

Compaixão e inveja

Pois o verdadeiro objeto da tristeza é o "próprio mal." Por isso o objeto alheio da tristeza pode ser entendido ou por um lado apenas, por ser um mal, mas não o próprio; e assim temos compaixão, que é tristeza por um mal alheio, embora enquanto é visto como próprio. Ou por ambos os lados, por não se dirigir nem a algo próprio nem a um mal, mas sim a um bem alheio, embora na medida em que este bem alheio é considerado como um mal próprio; e assim temos a inveja.

Tomás de Aquino, Suma teológica

Imaginação: fonte de compaixão

Como não possuímos nenhuma experiência direta dos sentimentos dos outros seres humanos, só podemos fazer-nos uma imagem da maneira como determinada situação pode atuar sobre eles procurando imaginar o que nós mesmos haveríamos de sentir em idêntica situação. Mesmo que nosso próprio irmão se encontre sobre o cavalete – enquanto nós mesmos nos sentirmos bem, nunca nossos sentidos nos dirão o que ele sofre. Eles nunca podem ultrapassar os limites de nossa própria pessoa, e só na fantasia é que podemos fazer-nos uma ideia da natureza de suas sensações. Também esta faculdade da alma não nos pode informar de nenhuma outra maneira a não ser trazendo-nos à consciência quais haveriam de ser nossas próprias sensações se nos encontrássemos em sua situação. São apenas as impressões de nossos próprios sentidos, não as dos dele, que nossa fantasia representa. Graças à imaginação, nos transportamos para sua situação, com sua ajuda imaginamos que nós mesmos estaríamos sofrendo os mesmos tormentos que ele e, em nossa fantasia, como que entramos em seu corpo e nos tornamos de certa maneira uma pessoa com ele; a partir daí, formamos uma imagem de suas sensações e chegamos mesmo a viver certos sentimentos que, embora mais fracos quanto ao grau, não são quanto à espécie inteiramente diferentes dos dele. Quando, assim, como que assumimos em nós seus tormentos, quando os fazemos inteiramente nossos, então eles começarão a atuar sobre nosso próprio ânimo, e nós iremos tremer e arrepiar-nos ao pensamento do que ele possa estar sentindo agora. Pois assim como nos causa aflição sem medida quando nós mesmos nos encontramos em dores ou necessidades de qualquer espécie, assim é despertada em nós a mesma emoção quando apenas em fantasia nos imaginamos que estaríamos nesta situação – e isto em uma medida maior ou menor, conforme esta ideia tome posse de nós de uma maneira mais ou menos intensa.

Que seja esta a fonte da compaixão que experimentamos frente à miséria de outros, que só conseguimos chegar a sentir seus sentimentos quando na fantasia trocamos de lugar com aquele que sofre e somos interiormente tocados por eles, isto pode ser mostrado por muitas observações claras, se já de per si não o considerarmos bastante claro. Quando vemos como neste momento alguém se preparar para bater na perna ou no braço de um outro, e este golpe está para cair sobre o outro, então nós nos contraímos involuntariamente e puxamos nossa própria perna ou nosso próprio braço; e quando o golpe atinge o outro, nós mesmos o sentimos em certa medida, e nos dói tanto quanto ao que foi por ele atingido.

[...]

Pessoas que possuem nervos sensíveis e uma fraca constituição corporal queixam-se muitas vezes de que, ao verem as chagas e feridas que são exibidas na rua pelos mendigos, elas próprias costumam experimentar um prurido ou um mal-estar nas partes correspondentes de seu próprio corpo. O pavor que sentem em face da miséria destes infelizes atua sobre estas partes de seu corpo com mais intensidade do que sobre outras, porque aquele pavor surge exatamente de elas se imaginarem o que elas próprias haveriam de sofrer se fossem os infelizes que veem diante de si, e se nelas exatamente esta parte do corpo estivesse afetada por esta penosa doença. A simples força desta imaginação é suficiente...

Adam Smith, *Teoria dos sentimentos morais* (1759)

Conhecer as causas dos afetos

Em muitos casos pode parecer que a simpatia surja da simples visão de uma determinada emoção em outra pessoa. Em muitos casos pode quase parecer que os afetos se transferem de uma pessoa para outra, e isto ainda antes de esta ter qualquer conhecimento do que foi que provocou aqueles afetos na pessoa inicialmente atingida. Aflição e alegria, por exemplo, quando se expressam fortemente no olhar e na face de uma pessoa, de imediato provocam também no espectador uma igual emoção, dolorosa ou alegre, em determinado grau. Um rosto sorridente atua sobre qualquer um que o veja provocando alegria, mas por outro lado uma expressão preocupada desperta tristeza.

Mas isto não é universalmente válido com referência a qualquer afeto. Existem afetos cuja expressão não provoca nenhuma simpatia, mas que têm antes o efeito de despertar nossa aversão e repulsa, enquanto não conhecemos sua causa. O comportamento irado de uma pessoa com raiva nos há de predispor antes contra ele do que contra seus inimigos. Como desconhecemos o que provocou sua ira, não podemos nos imaginar no seu caso, e por isso também não podemos experimentar sentimentos iguais aos afetos nele provocados por este desafio. Vemos, pelo contrário, com toda clareza a situação daquelas pessoas contra as quais sua ira se dirige, e podemos nos imaginar que violências elas poderão esperar de um adversário tão encolerizado. Por isso simpatizamos com seu medo e seu sentimento de vingança, e logo estamos prontos a tomar partido contra o homem de quem parece provir-lhes a ameaça de tão grande perigo.

Se já a aparência externa de aflição e alegria nos inspira as mesmas emoções – pelo menos em certo grau – tal fato provém de que ela desperta em nós a ideia geral de alguma felicidade ou infelicidade que deve ter atingido aquele no qual a observamos; mas isto já é suficiente nestes afetos para conferir-lhe uma influência, embora pequena, sobre nós. Os efeitos de aflição e alegria terminam naquele que sente estas emoções; sua expressão não desperta, como a do sentimento de vingança, a ideia de outra pessoa com quem compartilhamos e cujo interesse opõe-se ao da primeira. A ideia geral de uma felicidade ou infelicidade provoca, pois, uma certa participação em favor daquele que por ela é atingido, mas a ideia geral de um desafio não provoca nenhuma simpatia pela ira daquele contra quem era dirigida. A própria natureza, ao que parece, nos ensina que não gostaríamos de aceitar de tão bom grado este afeto, e que podemos estar antes inclinados a tomar partido contra ele, enquanto não estejamos informados a respeito de sua causa.

Sim, também nossa simpatia com a alegria ou a aflição de um outro há de ser sempre muito imperfeita enquanto não tivermos conhecimento das causas destes afetos. Lamentos genéricos, que não expressam outra coisa a não ser os tormentos sentidos por aquele que sofre, despertam em nós antes uma certa curiosidade, o desejo de sermos informados a respeito de sua situação, ao lado de uma certa inclinação para sentirmos simpatia com ele, mais do que um sentimento de simpatia manifestamente experimentado. A primeira questão que nos colocamos é esta: "Que foi que te aconteceu?" Enquanto esta pergunta não for respondida, embora sintamos um certo mal-estar, por um lado em consequência da falta de clareza da ideia que fazemos de sua infelicidade, porém mais ainda porque nos atormentamos com suspeitas sobre qual possa ter sido a desgraça, nossa compaixão com ele não há de ser muito grande.

A simpatia, portanto, surge não tanto da visão do afeto, mas muito mais da visão da situação que provocou o afeto. Por vezes sentimos por um outro um afeto de que ele pode parecer inteiramente incapaz; pois em nosso peito este afeto surge da força da imaginação, logo que imaginamos encontrar-nos na situação dele; ao passo que em seu coração ele não é provocado pela realidade. Enrubescemos pela falta de vergonha e grosseria de um outro, embora ele próprio não aparente nenhum sentimento pela impropriedade de seu comportamento; pois não conseguimos libertar-nos do pensamento de vergonha que haveríamos de experimentar se nós mesmos nos houvéssemos comportado de maneira tão irracional.

Adam Smith, Teoria dos sentimentos morais (1759)

A cena primordial da compaixão

A 8 de abril de 1804 Arthur Schopenhauer, então com 16 anos, visitou, durante uma viagem pela Europa feita em companhia dos pais, o famigerado Arsenal de Toulon, onde vegetam os condenados às galés. Em seu diário de viagem Arthur descreveu suas impressões: "Será possível imaginar uma sensação mais terrível que a de um tal infeliz preso ao banco da sombria galé, de onde nada o pode separar a não ser a morte! – Para muitos seu sofrimento ainda é maior com a inseparável companhia de quem com ele está preso à mesma corrente".

O Arsenal em Toulon deixa em Arthur uma reserva de vivas imagens, a que mais tarde ele irá recorrer quando em sua metafísica da vontade explicar o acorrentamento da existência individual e da razão à anônima vontade de viver: todos somos escravos da galé da vontade que passa através de nós. Antes de todo ato de vontade, estamos acorrentados a um cego impulso para a autoafirmação. Somos as vítimas do princípio da individuação. A corrente em que nos debatemos nos liga ao mesmo tempo com o próximo. Todo movimento que executamos em última análise só provoca dor no outro.

Em Toulon, Arthur experimenta esta prisão lá fora, nos outros. Vive-a como compaixão. A compaixão, como sabemos, irá desempenhar um papel importante na filosofia de Schopenhauer. Assim poderíamos denominar a cena em Toulon como a cena primordial da compaixão. Na compaixão ele experimenta: eu sou os outros. A prisão sofrida com os outros lá fora não seria capaz de atuar de maneira tão persistente e terrível, se a ela não correspondesse a experiência de uma prisão dentro de si mesmo.

Rüdiger Safranski

O grande mistério da ética

Como é possível que o bem e a dor de um outro mova diretamente, isto é, exatamente como de resto só minha própria vontade o consegue mover, portanto que se torne meu motivo, e isto às vezes até ao ponto de em grau maior ou menor deixar em segundo plano meu próprio bem e dor, de resto a única fonte de meus motivos? – Manifestamente só pelo fato de que aquele outro passa a ser *a última meta* da minha vontade, inteiramente como de resto o sou eu próprio: portanto, pelo fato de eu querer diretamente o *seu* bem, tão diretamente como só quero *o meu*. Mas isto pressupõe necessariamente que em sua dor eu a sofra juntamente, que sinta *sua* dor como de resto só sinto a minha, e por isso queira seu bem diretamente como de resto só quero o meu. Isso exige, todavia, que de alguma maneira eu esteja *identificado com ele*, isto é, que em certo grau seja suspensa aquela total diferença entre mim e qualquer outro ser, sobre a qual se baseia meu egoísmo. Porém, como apesar de tudo, eu não me encontro *na pele* do outro, só por meio do *conhecimento* que tenho dele, isto é, da ideia dele em minha cabeça, é que posso com ele identificar-me, de modo que minha ação mostre que aquela diferença foi suspensa. Mas o processo aqui analisado não é nenhum processo sonhado ou tirado do ar, mas um processo inteiramente real, de forma alguma raro: é o processo quotidiano da *compaixão*, isto é, da *participação* imediata, independente de todas as outras considerações, no *sofrimento* de outro, e com isto no impedir ou suspender este sofrimento, em que em última análise consiste toda satisfação e todo bem-estar e felicidade. Esta compaixão, e somente ela, é a base real de toda justiça *livre* e de todo amor *verdadeiro* ao próximo. Ela só tem valor moral na medida em que dela surge uma ação: e toda outra, nascida de quaisquer outros motivos, não o tem. Logo que esta compaixão se torna *viva*, o bem e a dor do outro se encontram diretamente em meu coração, inteiramente da mesma maneira, se bem que não no mesmo grau, como de resto só meu bem e minha dor; portanto, agora a diferença entre mim e ele já não é mais nenhuma diferença absoluta.

Porém este processo é digno de admiração, chega a ser mesmo misterioso. É na verdade o grande mistério da ética, seu fenômeno primordial e o marco-limítrofe para além do qual só a especulação metafísica pode ousar dar um passo adiante. Neste processo, vemos retirada a parede de separação que, segundo a luz da natureza (como antigos teólogos denominam a razão), separa inteiramente um ser de outro ser, e de certa forma o não-eu passa a ser eu.

Arthur Schopenhauer, *O fundamento da moral* (1840)

O segundo grau da compaixão

O segundo grau em que, através do processo da compaixão efetivamente mostrado acima, embora misterioso na sua origem, o sofrimento alheio passa a ser em si mesmo e, como tal, diretamente o meu motivo, distingue-se claramente do primeiro pelo caráter positivo das ações que daí provêm; em que então a compaixão não apenas me impede de ofender o outro, mas chega mesmo a me impelir a ajudá-lo. Ora, conforme, por um lado, aquela participação imediata seja viva e profunda e, por outro, a necessidade alheia seja grande e urgente, eu serei movido por aquele motivo puramente moral a fazer um sacrifício maior ou menor pela necessidade do outro, sacrifício que pode consistir no esforço de minhas forças corporais ou espirituais, em minha propriedade, minha saúde, liberdade, ou mesmo em minha vida. Aqui, pois, na participação imediata, que não se baseia em nenhuma argumentação e de nenhuma argumentação tem necessidade, se encontra a única origem pura do amor ao próximo, da *caritas, agape,* portanto, daquela virtude cuja máxima é: *omnes, quantum potes, iuva* [ajuda a todos em quanto puderes], e de onde flui tudo quanto a ética prescreve sob o nome de obrigações da virtude, obrigações do amor ou deveres imperfeitos. Esta participação inteiramente imediata, ou mesmo instintiva, no sofrimento alheio é, pois, a única fonte de tais ações, se elas pretendem ter valor moral, isto é, ser purificadas de todos os motivos egoístas, e justamente por isso despertar em nós mesmos aquela satisfação interior que nos satisfaz e elogia, e a que chamamos a boa consciência.

Arthur Schopenhauer, *O fundamento da moral* (1840)

Mística prática

Todo benefício inteiramente puro, toda ajuda plena e verdadeiramente desinteressada, que como tal tem por motivo exclusivo a necessidade do outro, é na verdade, quando procuramos por sua razão última, uma ação misteriosa, uma mística prática, na medida em que, em última análise, ela surge do mesmo conhecimento que constitui a essência de toda verdadeira mística e que efetivamente não é de maneira alguma explicável. Pois o fato de alguém simplesmente dar uma esmola, sem que com isso nem de longe intencione outra coisa senão minorar a falta que oprime o outro, só é possível na medida em que reconhece que é ele próprio que agora lhe aparece sob aquela triste figura; portanto, que reconheça seu próprio ser no que lhe aparece do outro.

Arthur Schopenhauer, *O fundamento da moral* (1840)

Sentimento da responsabilidade

O que importa são primariamente as coisas, e não os estados de minha vontade. Ao engajarem a vontade, as coisas passam a ser metas para mim. Metas, no melhor dos casos, podem ser elevadas – por aquilo que são; até certas ações ou ciclos inteiros de vida o podem ser: mas não a regra da vontade, cuja observância para toda meta é a condição para que seja moral – ou mais exatamente: para que não seja imoral. A lei como tal não pode ser nem a causa nem o objeto do respeito; mas o ser, reconhecido em sua plenitude ou numa manifestação isolada da mesma, encontrando-se com uma capacidade de visão que não seja estreitada pelo egoísmo ou perturbada pelo embotamento, pode certamente provocar respeito – e com esta influência sobre nosso sentimento pode vir em ajuda à lei moral, de resto fraca, que ordena satisfazermos a exigência interior do ente com nosso próprio ser. Ser "heterônomo" neste sentido, isto é, deixar-se mover pelo reto apelo de entidades percebidas não tem necessidade de ser evitado ou negado por amor ao princípio da autonomia. Porém, nem mesmo o respeito é suficiente, pois uma tal afirmação do sentimento da dignidade do objeto percebido, por mais viva que seja, pode mesmo assim permanecer inteiramente inativa. Só acrescentando-se o sentimento da responsabilidade, que liga tal sujeito a tal objeto, é que fará com que ajamos em favor dele. Afirmamos que é este sentimento, mais do que qualquer outro, que pode produzir em nós uma disposição da vontade para com nosso agir apoiar a exigência do objeto por existir. Lembremos, por último, que o cuidado com a prole [...], tão espontâneo a ponto de dispensar um apelo à lei moral, constitui o modelo primordial humano e elementar para a coincidência entre responsabilidade objetiva e sentimento subjetivo de responsabilidade, através do qual a natureza nos dispôs para todas as espécies de responsabilidade que não são tão garantidas pelo instinto, e preparou para isso o nosso sentimento.

Hans Jonas, O princípio responsabilidade

Seis observações sobre o contágio do choro em crianças pequenas

1) As crianças, desde o nascimento, choram junto com outras crianças.

2) Com a idade, este chorar-junto torna-se cada vez mais raro.

3) Ao mesmo tempo, as reações motoras se tornam sempre mais diferenciadas.

4) Apesar do crescimento das capacidades cognitivas, a reação de chorar junto com outros não desaparece inteiramente, mas transforma-se em parte numa reação contida com mímica de tristeza. Este processo é entendido como uma limitação e um apoio do próprio Eu.

5) As meninas reagem mais intensamente do que meninos, as crianças famintas mais do que as crianças saciadas e as crianças com irmãos mais do que os filhos únicos.

6) O contágio do choro não foi observado com estímulos acústicos indiferentes.

Thomas Mokrusch, *Estudo sobre o desenvolvimento mais antigo da compaixão*

VI
Intenção e ação

A quem o céu quer salvar...

Todo mundo diz que meu espírito é grande,
mas por assim dizer inútil.
Justamente por ser grande,
ele é por assim dizer inútil.
Se útil ele fosse,
há muito se teria tornado pequeno.
Possuo três tesouros
que aprecio e preservo.
O primeiro chama-se: o amor;
o segundo chama-se: a sobriedade;
o terceiro chama-se: não pretender estar à frente do mundo.
Com o amor pode-se ter coragem,
com a sobriedade pode-se ter um coração grande.
Quando não se pretende estar à frente do mundo,
pode-se ser a cabeça dos homens feitos.
Mas quando se pretende ter coragem sem amor,
ou se quer ter coração grande sem sobriedade,
quando se quer avançar sem parar:
isto é a morte.
Quando se tem amor na luta,
se vence.
Quando se tem na defesa,
se é invencível.

A quem o céu quer salvar,
a este ele protege com o amor.

Lao-tzu, *Tao-te-king*

A suprema salvação

Assim eu ouvi. Encontrava-se uma vez o Excelso em Savatthi, na floresta do Jeta, no bosque do Anathapindika. Já noite avançada, certa divindade de grande beleza, que fez resplandecer toda a floresta do Jeta, dirigiu-se para onde o Excelso (se encontrava). Tendo-se dirigido (para lá), ela saudou o Excelso e colocou-se ao seu lado. Colocada ao lado dele, esta divindade dirigiu-se ao Excelso em forma de verso:

"Muitos deuses e homens refletiram sobre os caminhos da salvação, buscando o bem. Dize qual é a suprema salvação!"

"Ajudar mãe e pai,
ser amável com os filhos e a mulher,
um trabalho não perturbado –
esta é a suprema salvação.

Fazer benefício e andar na piedade,
ser amável com os parentes,
obras irrepreensíveis –
esta é a suprema salvação...

Um ânimo que se deixa tocar pelo que ocorre no mundo,
um ânimo que não se perturba,
livre de aflição, livre de paixão e cheio de paz –
esta é a suprema salvação.

Os que isto praticaram,
serão sempre insuperáveis,

em toda parte alcançam o bem;
deles é a suprema salvação!"

Discurso de Buda sobre a salvação (Mangala-Sutta)

Quatro coisas sem medida

Existem quatro coisas que não se podem medir. Eis, irmãos, que o monge, com um espírito cheio de bondade (compaixão, alegria compartilhada, tranquilidade), enche de luz primeiro uma direção, depois a segunda, depois a terceira, depois a quarta, e da mesma maneira para cima, para baixo e ao redor; e em toda parte, sentindo-se unido a tudo, ele enche de luz o mundo inteiro com um espírito cheio de bondade (compaixão, alegria compartilhada, tranquilidade), com um grande, elevado e ilimitado espírito, livre de ódio e rancor.

Discurso de Buda

O que têm em comum o prazer e a dor

– Existe, pois, algo pior para um estado do que aquilo que o dissolve e que o divide em muitas partes? Ou algo melhor do que aquilo que o liga e unifica?

– Não, não existe.

– E, não obstante, o que o prazer e a dor têm de comum produz união? Quero dizer, quando o maior número possível de cidadãos se alegram e se entristecem de igual maneira no aparecerem e desaparecerem as mesmas coisas.

– Perfeitamente.

– E a peculiaridade nestas coisas separa? Quero dizer, quando com as mesmas condições do estado e de seus membros uns sentem-se muito entristecidos e os outros se enchem de alegria.

– Naturalmente.

– E não surge isto do fato de que denominações como "meu" e "não meu", assim como "alheio", não são usadas para as mesmas coisas?

– Sim, certamente.

– Por isso, não seria mais bem administrado um estado em que a maioria dos membros dissessem "meu" e "não meu" a respeito dos mesmos objetos e no mesmo sentido?

– Perfeitamente.

– O que, portanto, é mais aparentado a um homem. Pois quando sofremos, por exemplo, uma ferida no dedo, todo o organismo sente isto no corpo todo e até à alma e à sua parte dominante unificadamente ordenada; tudo sente a dor em comum com o membro que sofre. Expressamos isto com as palavras: a pessoa sente dor no dedo. Com todas as outras partes humanas dá-se o mesmo, quer sofram dores quer sejam aliviadas com sensações de prazer.

– Sim, é o mesmo. E o que perguntas é certo: a República mais bem organizada é a que mais se parece com um ser humano.

– É uma tal República, acima de tudo, que haverá de considerar as experiências tristes ou alegres de cada cidadão como sendo suas próprias experiências. A República toda há de alegrar-se junto ou entristecer-se junto.

– Sim, a República legal fará necessariamente isto.

Platão, *A República*

Por que os animais também amam

Tudo isso me ensinava Diotima, quando sobre as questões de amor discorria, e uma vez ela me perguntou: Que pensas, ó Sócrates, ser o motivo desse amor e desse desejo? Porventura não percebes como é estranho o comportamento de todos os animais quando desejam gerar, tanto dos que andam quanto dos que voam, adoecendo todos em sua disposição amorosa, primeiro no que concerne à união de um com o outro, depois no que diz respeito à criação do que nasceu? E como, em vista disso, estão prontos para lutar os mais fracos contra os mais fortes e mesmo morrer, não só se torturando pela fome a fim de alimentá-los como tudo o mais fazendo? Ora, os homens, continuou ela, poder-se-ia pensar que é pelo raciocínio que eles agem assim; mas os animais, qual a causa desse seu comportamento amoroso? Podes dizer-me? – De novo eu lhe disse que não sabia. – E ela me tornou: Imaginas então algum dia vires a ser temível nas questões do amor, se não refletires nesses fatos? – Mas é por isso mesmo, Diotima, como há pouco te dizia, que vim a ti, porque reconheci que precisava de mestres. Dize-me então não só a causa disso como de tudo o mais que concerne ao amor. – Se de fato, continuou, crês que o amor é por natureza amor daquilo que muitas vezes admitimos, não fiques admirado. Pois aqui, segundo o mesmo argumento que lá, a natureza mortal procura, na medida do possível, ser sempre e ficar imortal. E ela só pode assim, através da geração, porque sempre deixa um outro ser novo em lugar do velho.

Platão, *O Banquete*

Como o Sasower aprendeu o amor

O Rabi Mosche Löb contou: "Como devemos amar as pessoas, isto eu aprendi com um camponês. Este encontrava-se bebendo com outros camponeses em uma taberna. Durante muito tempo ele permaneceu calado, como todos os outros. Mas quando seu coração se sentiu tocado pelo vinho, ele falou ao seu vizinho: 'Dize-me, amas-me ou não me amas?' O outro respondeu: 'Amo-te muito.' Mas ele retrucou: 'Tu dizes: eu te amo, e não sabes o que me falta. Se me amasses de verdade, haverias de sabê-lo'. O outro não conseguiu responder nada, e também o camponês que havia feito a pergunta voltou a ficar silencioso como antes. Mas eu compreendi: o amor às pessoas é isto, sentir suas necessidades e suportar sua dor".

Martin Buber, *Os relatos dos Hassidim*

Comprovar a autenticidade da virtude

As virtudes da piedade, não violência, amor e verdade em um homem só podem ser comprovadas quanto à sua autenticidade quando as fazemos lutar contra a impiedade, violência, ódio e mentira.

Se isto está certo, então é errado dizermos que a *ahimsa* [não violência] seria inútil frente a um assassino. Certamente se poderia dizer que equivale à autodestruição querer-se praticar *ahimsa* diante de um assassino. Mas é justamente esta a prova da autenticidade de *ahimsa*. Quem apenas por fraqueza se deixa matar, não se pode dizer em absoluto que tenha sido aprovado no exame. Verdadeiramente não violento é aquele que, enquanto é morto, não se enraivece contra o assassino e até pede a Deus que o perdoe. A história refere isto a respeito de Jesus...

Outra coisa é o fato de nossa não violência não haver chegado até estas alturas. Seria para nós um grande erro baixar o padrão da *ahimsa* por sermos demasiadamente fracos, ou por possuirmos experiência de menos. Sem uma reta compreensão do ideal, nunca podemos esperar atingi-lo. Por isso é necessário empregar nosso entendimento para compreender a força da não violência.

Mahatma Gandhi, *Agir a partir do espírito*

Prestar ajuda

Em nome do Deus misericordioso e bondoso.

Que achas de alguém que diz que o juízo (que ameaça os homens) é mentira? Este é aquele (mesmo) que afasta (de si) o órfão e que não leva (os seus?) a dar (algo) de comer ao pobre. Ai dos orantes que não pensam em sua oração, que querem ser vistos (pelos homens) e que negam a ajuda (a que todos têm direito?)!

Corão, Sura 107

O tesouro no céu

Tendo Jesus saído para o caminho, alguém veio correndo e, ajoelhando-se à sua frente, lhe perguntou: "Bom Mestre, o que devo fazer para alcançar a vida eterna?" Jesus lhe disse: "Por que me chamas de bom? Ninguém é bom a não ser Deus! Já sabes os mandamentos: não matarás, não cometerás adultério, não furtarás, não darás falso testemunho, não prejudicarás ninguém, honra pai e mãe". Respondendo, lhe disse: "Mestre, tudo isso tenho observado desde minha juventude". Tendo olhado para ele, Jesus simpatizou com ele e lhe disse: "Só te falta uma coisa: vai, vende tudo que tens, distribui pelos pobres e terás um tesouro no céu; então vem e segue-me". Com esta linguagem ele entristeceu e foi embora abatido, pois tinha muitas propriedades.

Marcos 10,17-22

A misericórdia

Se viesses a perder a misericórdia, o dom de te compadeceres de coração, tudo terias perdido.

Deixas-te levar pelo amor incondicional: perdoar até sete vezes setenta e sete vezes, isto é, sempre?

Bem depressa hás de fazer uma descoberta após a outra.

Quem ama, esquecendo-se de si, há de encontrar sua vida plena de leve beleza. Toda amizade pressupõe uma luta interior. E às vezes a cruz ilumina as profundezas insondáveis do amor.

Deixas-te vencer pela benevolência, em vez de quereres te impor aos outros por uma má consciência, ou de resvalares para a ironia?

Na pureza deste amor, reconhece logo teus erros, e não te detenhas a olhar o argueiro no olho de teu irmão.

Roger Schutz

Sofrimento compartilhado

Como se sentem aliviadas as pessoas infelizes, quando encontram alguém a quem possam comunicar a causa de sua aflição! Parecem descarregar uma parte de seus sofrimentos sobre a simpatia do outro, e por isso dizemos, não sem razão, que elas "compartilham" seus sofrimentos. Não apenas sente uma aflição semelhante à sentida por elas, mas é como se tivesse tomado sobre si uma parte de sua aflição, e como se o que ele sente diminuísse o peso do que elas sentem. Mas enquanto falam de sua desgraça, elas renovam em certa medida o seu desgosto; despertam em sua memória a lembrança das circunstâncias que deram ocasião à sua tristeza; suas lágrimas fluem mais fortes do que antes e agora se abandonam facilmente a toda fraqueza de sua aflição. Não obstante encontram agrado em tudo isto, e é manifesto que isto lhes traz um sensível alívio; pois a simpatia do ouvinte é para elas tão doce que parece mais do que compensar a amargura da aflição que reavivaram e renovaram para obter simpatia; por outro lado, a mais cruel injúria que pode ser feita a uma pessoa infeliz é mostrar-lhe que não se leva a sério sua desgraça. Fazer nosso companheiro notar que sua alegria não nos atinge é apenas uma falta de civilidade; mas não demonstrar tristeza quando nos contam seus cuidados e preocupações é realmente uma flagrante falta de humanidade.

Adam Smith, *Teoria dos sentimentos morais* (1759)

O homem melhor é o mais compassivo

O que determina a tragédia é isto: ela deve aumentar nossa capacidade de sentir compaixão. Deve não apenas ensinar a sentir compaixão para com este ou aquele infeliz, mas tornar-nos tão sensíveis a ponto de sermos tocados e envolvidos pelo infeliz, em todos os tempos e sob todas as formas. E agora apelo para uma frase que por enquanto o senhor Moses poderá demonstrar-vos, se, contrariando vossos próprios sentimentos, a quiserdes pôr em dúvida. O homem mais compassivo é o melhor, o mais disposto a todas as virtudes sociais, a todas as espécies de grandeza de ânimo. Aquele, pois, que nos torna compassivos também nos faz melhores e mais virtuosos, e a tragédia que faz isto faz também aquilo, ou – faz aquilo para poder fazer isto.

Gotthold Ephraim Lessing, Carta a
Nicolai em novembro de 1756

Impiedosa burocracia

Podemos definir burocracia como o método de a) administrar pessoas como coisas e b) tratar as coisas sob pontos de vista quantitativos em lugar de qualitativos, a fim de facilitar e baratear a quantificação e o controle. O método burocrático se orienta pelos dados estatísticos. Os burocratas agem com base em regras rígidas fundamentadas em dados estatísticos, e não reagindo espontaneamente às pessoas com quem se deparam. Decidem questões objetivas com base nos casos que estatisticamente ocorrem com mais frequência, considerando que os que saem prejudicados são uma minoria de cinco ou dez por cento. O burocrata teme a responsabilidade pessoal, buscando refúgio atrás das prescrições. O que lhe confere segurança e orgulho é sua lealdade para com as regras, não sua lealdade para com os mandamentos de humanidade.

Eichmann foi o exemplo extremo de um burocrata. Enviou centenas de milhares de judeus para a morte, não por os odiar – ele não odiava nem amava ninguém. Eichmann "cumpria o seu dever": consciente do dever, enviava os judeus à morte, assim como com a mesma consciência do dever organizara anteriormente sua emigração da Alemanha. O que a ele importava era obedecer às prescrições. Só experimentava sentimento de culpa quando desobedecia a elas. Em juízo ele declarou (em dano próprio) que só se sentira culpado duas vezes; quando em criança gazeteou a escola e quando, durante um ataque aéreo, ignorou a ordem de dirigir-se ao abrigo antiaéreo. Isto não significa que Eichmann, e muitos outros burocratas, não tivessem componentes de sadismo, no sentido de sentir satisfação em ter outras pessoas sob o seu poder. Mas este traço sadista é de secundária importância, comparado com a principal característica dos burocratas: sua falta de compaixão humana e sua divinização das prescrições.

Erich Fromm, *Ter ou ser*

Estupidez sem dor

Na mesma medida do estado sem dor se atenua inteiramente a curva da vida, de maneira que nem a alegria nem a felicidade podem mais ser vividas intensamente. Mais importante, porém, do que esta consequência da apatia é a dessensibilização que um estado sem dor significa, a incapacidade de se perceber a realidade. Um estado sem sofrimento – é nada mais nada menos do que a cegueira para perceber o sofrimento, é a incapacidade de perceber o embotamento frente à dor, quando a pessoa e o que acontece com a pessoa voltam a ser natureza, que mesmo no mundo da técnica nada mais significa do que a cega adoração daquilo que é, sem intervenções, sem medida, sem trabalho.

Muros são erguidos aqui entre o sujeito experiente e a realidade, só indiretamente é que se chega a saber do sofrimento dos outros, crianças famintas vemo-las só na tela, e esta espécie de relação com o sofrimento dos outros é característica de toda nossa percepção. Também o sofrimento e a morte de amigos e parentes só raras vezes são experimentados de maneira sensível e direta, não ouvimos mais os gemidos e estertores, não temos mais contato com a frieza ou o ardor do corpo enfermo. Quem busca assim liberdade do sofrimento, faz quarentena em lugares esterilizados, onde não possam tocá-lo o sujo e as bactérias, onde ele esteja só consigo, mesmo que este "só consigo" possa incluir a pequena família. Querer ficar livre do sofrimento, recair na apatia, pode ser uma espécie de medo do contato, quando não desejamos ser tocados, infeccionados, manchados, envolvidos, na medida do possível, ficamos fora, preocupados só com os próprios assuntos, privatizados até à estupidez...

Dorothee Sölle, *Sofrimento*

Lembrando a decepção do Senhor Müller

Anos atrás, o Senhor Müller desceu decepcionado os degraus de minha casa, um velho decaído e alcoólatra, sem moradia certa. A visão que tive naquele segundo antes de fechar a porta da minha casa permaneceu gravada dentro de mim, o olhar por sobre os ombros do senhor Müller, enquanto lentamente ele descia os degraus da escada.

– Sim, você está bem, dizia-me muitas vezes o senhor Müller.

– Tem uma garrafa de vinho, perguntava o senhor Müller. Tem cigarros, perguntava o senhor Müller, uma calça quente também me servia.

Vez por outra, o senhor Müller deixava-me nervoso, sua voz ao telefone nem sempre me era bem-vinda. O Müller de novo. E depois, mandando embora o Müller, despedindo o Müller, deixe-me em paz, não tenho tempo, toda hora você vem, eu não sou a Caritas.

[...]

Em vez, portanto, de apresentar longamente a história da caridade, lembro-me do que senti quando vi a decepção do senhor Müller enquanto lenta e tristemente ele descia a escada de minha casa, e para expressar meu sentimento eu uso uma expressão antiquada:

Aquela visão me atravessou o coração.

Lutero teria escrito: "Fiquei com pena dele".

No tempo de Lutero, ainda não existia a palavra "compaixão" [*Mitleid*], que só apareceu 200 anos mais tarde, como abreviação da palavra mais antiga *Mitleiden*, usada pelos místicos alemães no sentido de viver na alma um sofrimento alheio, por exemplo o sofrimento de Jesus Cristo. Por volta de 1250, Matilde de Magdeburgo teve uma visão do Cristo sofredor, que lhe mostrou seu coração ferido e lhe disse: Vê o que me fizeram!

Matilde: Ah, Senhor, por que sofres tanto?

E o Salvador: Quando o sangue escorreu do meu coração para a terra, o céu se abriu.

Desde aquele momento Matilde guardou na lembrança o doce coração do Senhor Jesus vergado pela dor.

Adolf Holl, *Compaixão*

VII
Em nome do Deus misericórdia, do Deus compaixão

O caminho

Em nome do Deus misericórdia, do Deus compaixão.

Louvores a Deus, o Senhor dos mundos, o misericordioso, aquele que se compadece e que possui poder sobre o dia do juízo. A Ti servimos, a Ti imploramos ajuda.

Guia-nos pelo caminho reto, pelo caminho daqueles a quem concedes tuas graças, daqueles que não caíram sob a tua ira nem se desviaram do caminho.

Corão, Sura 1

O princípio da ação divina

E quando vêm a ti aqueles que creem em nossos símbolos, dize-lhes: A paz venha sobre vós! Vosso Senhor prescreveu para si próprio a misericórdia: Se, pois, algum de vós por ignorância pratica o mal, mas depois se converte e mostra que quer melhorar, ele é misericordioso e cheio de perdão.

Corão, Sura 6, 54

Os vestígios de sua misericórdia

Olha os vestígios da misericórdia de Deus, como ela faz reviver a terra depois de morta. Um (Deus) assim pode na verdade (também) fazer os mortos reviverem. E Ele tem poder para todas as coisas.

Corão, Sura 30, 50

E nós te enviamos apenas como um dom de misericórdia para os habitantes do mundo.

Corão, Sura 21, 107

Misericordioso e cheio de compaixão

Moisés invocou o nome do Senhor. Enquanto o Senhor passava diante dele, exclamou: "Senhor, Senhor! Deus compassivo e clemente, paciente, rico em misericórdia e fiel. Ele conserva a bondade por mil gerações, e perdoa culpas, rebeldias e pecados".

Êxodo 34,5-7

Vós sabeis que felicitamos os que suportam os sofrimentos. Ouvistes a respeito da paciência de Jó, e conheceis o fim que lhe deu o Senhor, pois o Senhor é misericordioso e compassivo.

Epístola de São Tiago 5,11

Cântico de ação de graças

O Senhor é benigno e justo,
nosso Deus é compassivo.

O Senhor vela sobre a gente simples;
eu era fraco, e ele me salvou.

Volta, ó minha alma, à serenidade,
porque o Senhor foi bom para contigo.

Livraste da morte minha alma;
das lágrimas meus olhos; e meus pés da queda.

Salmo 116,5-8

O compassivo

Deus acompanha seus filhos ao exílio: este tema domina o universo de pensamentos do Midrash e da mística na tradição judaica. O isolamento de Israel se reflete na solidão de Deus. E o sofrimento dos homens encontra seu prolongamento no sofrimento de seu Criador. É verdade que o castigo foi imposto pelo próprio Deus. Mas não é somente para os que ele castiga. Inclui também os próprios juízes. Deus o quer assim. O Pai pode perfeitamente manifestar-se na ira e no rigor, mas jamais ele quer ficar de fora. Deus esteve presente na criação e é uma parte dela. Esta é a palavra-chave da mística judaica: "Nenhum lugar é vazio de Deus." Ele está em toda parte, mesmo no sofrimento e no castigo. A tristeza de Israel e a tristeza da Shekhinah, o lado de Deus que se tornou manifesto, andam juntas: juntas esperam por redenção. A expectativa de um constitui a grandeza oculta do outro. Assim como aos filhos de Israel o sofrimento da Shekhinah parece insuportável, assim também o tormento de Israel despedaça o coração da Shekhinah.

Trata-se também de solidariedade. O que nos ocorre, toca-o; o que lhe ocorre também nos diz respeito. Vivemos a mesma aventura e participamos da mesma busca. Sofremos pelas mesmas razões e à nossa comum esperança atribuímos o mesmo sentido.

Mas desta solidariedade no sofrimento resultam certas dificuldades. Significará para nós uma ajuda o pensamento de que Deus também sofre, de que, pois, ele sofre por nossa causa? Ajuda-nos este pensamento a suportar a nossa miséria? Ou não se tornará ela com isto mais grave ainda?

Por um lado podemos dizer que não temos direito de queixar-nos, porque Deus também sabe o que é sofrimento. Mas por outro podemos dizer que estes sofrimentos não se compensam, antes se somam. Noutras palavras: o sofrimento que surge de várias fontes se acumula e aumenta. Não se compensa. Por isso a compaixão divina não seria para nós nenhum consolo, mas um castigo a mais. Não basta o próprio sofrimento que temos de suportar? Por que nos impões ainda o teu?

Mas na verdade não nos compete em absoluto decidir por Deus. Só ele faz sua escolha entre as mil possibilidades de unir seus sofrimentos aos nossos. Não podemos nem exigir nem rejeitar. Podemos apenas tentar mostrar-nos dignos deles. Sem entender? Sim, sem entender. No plano de Deus, tudo cai no terreno do mistério.

Mas concordo que às vezes isto não me basta. Quando penso nos abalos vividos em nosso século, não basta. Dentro deste contexto, o ponto de vista de Deus e o papel desempenhado por Ele são para mim de grande importância.

Como conseguiu Deus aumentar mais ainda o seu sofrimento para suportar o nosso? Devemos considerar um como a justificação do outro? Não, certamente que não. Nada justifica Auschwitz. Se o Senhor mesmo me desse uma resposta, eu a rejeitaria como errônea e falsa. Treblinka matou todas as respostas. O reino das cercas de arame farpado sempre há de permanecer para mim um gigantesco ponto de interrogação. Não entendemos com Deus. E não entendemos sem ele. Em face de uma incrível soma de sofrimentos, Ele teria que agir, ou pelo menos que se manifestar. Concedo que sua infinita misericórdia incluiu também nosso tormento, e com isto conferiu-lhe uma dimensão que só Ele era capaz de conferir. De que lado Ele se encontrava? Só do lado das vítimas? Não se considerava Ele como o pai de todos os homens? E neste papel Ele nos fere e nos revolve no mais íntimo de nós. Como não deveríamos lamentar um pai que vê seus filhos serem mortos por assassinos, que também são seus filhos? Existe tormento mais cruel? Uma dor de consciência mais amarga?

É este o dilema de que o crente toma consciência entre dores: deixando as coisas correrem, Ele quis manifestar aos homens alguma coisa. E nós não sabemos o quê. Que Ele sofreu? Teria podido pôr um fim ao seu tormento. Teria que fazê-lo pondo fim ao martírio de pessoas inocentes. Por que não o fez? Não sei. E acho que nunca hei de saber. Ao que tudo indica, não lhe importa que eu fique sabendo.

Houve um tempo em que esta escuridão em que me encontrava provocava minha ira, chegava a impelir-me para a revolta. Mais tarde passei a sentir apenas tristeza. Hoje também.

Lembro-me de uma passagem do Midrash. Refere-se ao comportamento de Deus frente ao sofrimento humano. O Midrash comenta um verso do Profeta Jeremias. À passagem onde Deus diz: "Chorarei no oculto", ele constata: Existe um lugar que é considerado como "oculto", um lugar para onde Deus se retrai quando está triste, a fim de aí chorar.

Elie Wiesel, O compassivo

Compaixão de Javé

JHWH fala ao povo de Israel no livro do Dêutero-Isaías:

Pode uma mulher esquecer seu bebê, deixar de querer bem ao filho de suas entranhas? Mesmo que alguma esquecesse, eu não te esqueceria!

Isaías 49,15

JHWH queixa-se de Israel:

Quando Israel era um menino, eu o amei, e do Egito chamei meu filho. Mas quanto mais eu os chamava, tanto mais se afastavam de mim. Sacrificavam aos baals e queimavam incenso aos ídolos. Fui eu, contudo, quem ensinou Efraim a caminhar; eu os tomei nos braços, mas não reconheceram que eu cuidava deles! Com vínculos humanos eu os atraía, com laços de amor; eu era para eles como quem levanta uma criancinha a seu rosto, eu me inclinava para ele e o alimentava. Não retornarei ao Egito, mas a Assíria será o seu rei, porque não quiseram converter-se. A espada devastará nas cidades, aniquilará os seus gabolas e os devorará por causa de seus planos.

[...]

Meu povo está firme na apostasia. Chamam-no para o alto, mas ninguém se levanta. Como poderia eu abandonar-te, Efraim, entregar-te, Israel? Como poderia abandonar-te como a Adama, tratar-te como Seboim? Meu coração se contorce dentro de mim, minhas entranhas se comovem. Não executarei o ardor de minha ira, não tornarei a destruir Efraim, porque eu sou Deus e não homem, sou o Santo no meio de ti e não retornarei com furor.

Oseias 11,1-9

"...pois eu sou misericordioso"

Não maltrates o estrangeiro nem o oprimas, pois vós fostes estrangeiros no Egito. Jamais oprimas uma viúva ou um órfão. Se os oprimires, clamarão a mim e eu lhes ouvirei os clamores. Minha cólera se inflamará e eu vos matarei à espada. Vossas mulheres se tornarão viúvas, e órfãos os vossos filhos.

Se emprestares dinheiro a alguém de meu povo, a um pobre que vive ao teu lado, não sejas um usurário. Não lhe deves cobrar juros.

Se tomares como penhor o manto do próximo, deverás devolvê-lo antes do pôr do sol. Pois é a única veste para o corpo, e coberta que ele tem para dormir. Se ele recorrer a mim, eu o ouvirei, porque sou misericordioso.

Êxodo 22,20-26

Fazer o bem em consonância com a ordem do mundo

*O que deve ser dito ao chegar ao átrio da Perfeita Verdade.
Para livrar o morto de todas as más ações que cometeu, para
olhar a face dos deuses. O morto diz:*

Salve, ó maior dos deuses, Senhor da Perfeita Verdade!
Compareço à tua presença, meu Senhor,
fui chamado para contemplar tua perfeição.

Conheço-te, e conheço teu nome,
conheço os nomes destes 42 deuses
que estão contigo neste átrio da Perfeita Verdade,
que vivem daqueles que pertencem ao mal
e se alimentam de seu sangue
naquele dia em que são prestadas contas a *Osíris*.

"Tu cujos dois olhos são tuas filhas, Senhor da Perfeita
Verdade" é teu nome.
Chego à tua presença, trago a ti a justiça
e por ti expulsei a injustiça.

Não pratiquei injustiça contra os homens,
não maltratei os animais.
Nada pus de "torto" no lugar do reto.
Não conheço o que não existe,
nada fiz de mal.

Não ofendi nenhum deus.
Não prejudiquei nenhum órfão em sua propriedade.
Não fiz o que os deuses detestam.
Não caluniei o servo perante seu senhor.

Não infligi dor a ninguém e (a ninguém) fiz passar
fome,
não fiz ninguém derramar lágrimas.

Não matei,
e (também) não mandei matar;
a ninguém infligi sofrimento.

[...]

Vede, chego à vossa presença –
não há em mim culpa nem injustiça,
nenhum mal há em mim, nenhum testemunho existe
contra mim,
e não existe ninguém a quem tenha ofendido.
Pois vivo da verdade e da verdade me alimento.

Fiz o que os homens recomendam,
fiz aquilo que é agradável aos deuses.
Satisfiz o Deus com o que lhe agrada:
Dei pão ao faminto,
água ao sedento,
roupas ao nu,
e barco ao que não o tem.
Sacrifícios divinos ofereci aos deuses,
sacrifícios fúnebres aos iluminados (mortos bem-aventurados).

Do Livro dos Mortos dos Egípcios, Sentença 125

Poder para apoiar as costas do fraco

"Bem cuidados são os homens, o gado (o rebanho) de
Deus.
Por sua causa (Deus) criou o céu e a terra...

Criou o ar para que (pelo hálito) suas narinas possam
viver.

São suas imagens (os homens), saídos de seu corpo
(imagem e semelhança).
Por causa deles surge no céu (como Deus do Sol),
para eles criou as plantas
e gado e aves e peixes, a fim de alimentá-los...

Para eles cria a luz (todos os dias)
e passa (no céu) a fim de vê-los.
Ergueu uma capela para sua proteção,
e quando (ali) choram ele (os) ouve.

Formou para eles dominadores,
poderosos para apoiar as costas dos fracos.
Criou para eles a magia (técnica),
armas para repelir o golpe da desgraça,
sobre a qual se vigia dia e noite..."

Da doutrina para o Rei Merikarê (c. 2000 aC)

Vêm de Zeus os mendigos

Diz-lhe Nausícaa, de cândidos braços, então, em resposta:
"Não me parece que sejas estulto nem mau, estrangeiro.
O próprio Olímpico Zeus dá variados presentes aos homens,
a todos eles, os bons e os ruins, como o peito lhe pede.
Deu-te, também, a tua parte; ora cumpre sofrer com paciência.
Visto, porém, teres vindo à cidade e país que habitamos,
necessitado de roupa não hás de ficar por mais tempo,

nem do restante que os pobres costumam pedir aos estranhos..."
Disse, e às escravas de tranças bem feitas ordena, em seguida:
"Ora detende-vos, servas. Fugis só à vista de um homem?
Ou presumis que ele vem para nós com malévolo intento?...
Nós apartados moramos de todos, no mar cheio de ondas,
últimos seres humanos, sem termos contacto com outros.
Este, porém, que nos chega, é estrangeiro infeliz e vagante,
de quem nos cumpre cuidar. Vêm de Zeus poderoso os mendigos
e os estrangeiros; embora pequenas, são gratas as dádivas.
Ora, criadas, ao hóspede dai alimento e bebida
e ide banhá-lo no rio, em lugar protegido dos ventos".

Homero, Odisseia

Infinita piedade por todos os que passam necessidade

Ouvi, filhos de nobre progênie, o Bodhisattva Mahasattva Avalokitshvara é uma lâmpada para os cegos, um abrigo para os queimados pelo calor do sol, um rio para os sedentos; ele dá coragem aos que temem diante dos perigos; é um médico para os torturados por doença, pai e mãe para os infelizes, aos que caíram no inferno ele aponta o caminho para o nirvana. Tais são as qualidades deste Excelso. Felizes os seres do mundo que lembram o seu nome. Eles escapam de tudo e de todo e qualquer sofrimento do Samsara. São prudentes os homens que sempre trazem ao Avalokiteshvara ofertas de flores e incenso.

*Elogio do Avalokiteshvara**

Voto de Buda Amitabha

"Entre todos os caminhos para livrar-se da pressão do samsara da vida e da morte, nenhum melhor atualmente do que renascer para a Terra Pura no Oeste. Entre todas as obras pelas quais se pode chegar a este nascimento na Terra Pura, nenhuma é melhor do que invocar o nome de Buda Amida."

Por mais pecador que possa ser um homem, basta que ele pense consigo mesmo: "Senhor, ajuda!" e reze a Namu Amida Butsu, para que certamente possa renascer indo para lá, levado pelo voto que Buda uma vez estabeleceu nos tempos antigos.

O voto de que se fala é a promessa expressa na décima oitava das quarenta e oito palavras da promessa:

"Quando for levado a atingir a condição de buda, não quero assumir em mim a perfeita iluminação, se nela também não nascerem os seres vivos de todas as dez direções, que de coração confiante acreditam em mim e têm o desejo de nascer em minha terra, mesmo que fosse por mil vezes, e que se voltem para mim com sua devoção."

---

* Avalokiteshvara, um dos mais importantes Bodhisattvas no budismo mahayana, encarna a compaixão de Buda; muitas vezes representado com onze faces e mil braços – símbolos da dor pelo sofrimento do mundo e do desejo de ajudar.

Para poder compreender retamente esta promessa são necessárias duas coisas: por parte dos indivíduos uma determinada disposição de alma e um agir correspondente, mas por parte do buda o propósito de ajudá-los.

Gustav Mensching, *O mundo espiritual budista*

Redenção de todos

Quando, pois, se diz que Avalokiteshvara, depois de haver alcançado as forças transcendentais da liberdade sem limites e da ausência de medo, teria feito o voto de libertar todos os seres vivos de suas cadeias e sofrimentos, este voto significa a expressão de um impulso espontâneo nascido do fundo do coração, por ter conhecimento da unidade de essência de toda vida. Apagando a ilusão do eu, ou mesmo simplesmente reconhecendo o fato de que não existe um "eu" separado, como pode existir algo como a "própria" redenção? Enquanto tivermos conhecimento dos sofrimentos daquelas que, como nós, são criaturas, e o vivermos como nosso (ou melhor: quando não fizermos mais nenhuma diferença entre o "próprio" e o "alheio"), nossa redenção só pode significar a redenção de todos.

Lama A. Govinda

Compaixão da Mãe de Deus

A santa e gloriosíssima Senhora Mãe de Deus e Mãe de Cristo levantou-se para ver todas as penas. A Mãe de Cristo intercedeu pelos condenados e disse ao Arcanjo Miguel: "Quantas penas existem lá onde é castigado o gênero humano?"

O Arcanjo Miguel respondeu: "As penas não têm número". E então o Arcanjo abriu o lado oeste do inferno. E a santíssima Mãe de Cristo viu as muitas penas impostas ao gênero humano. O inferno ecoava das queixas por tantos tormentos.

Lá onde os condenados sofriam suas penas eles a viram, elevaram fortemente suas vozes e disseram: "Ah, bom Senhor, Filho de Deus [os condenados, ao que parece, confundem Maria com Jesus Cristo], há séculos que não vemos mais luz alguma. Mas agora podemos ver aquela que deu à luz o Senhor".

E os condenados gritavam e diziam: "Bendita sejas entre nós, que nos encontramos nas trevas por toda a eternidade". E a Santíssima disse ao Arcanjo: "Dize aos anjos que me tomem e me levem diante da face do Pai invisível".

E o Arcanjo transmitiu a mensagem aos anjos. Vieram os Querubins e Serafins, pegaram Maria Santíssima e levaram-na diante do Pai invisível.

Ela estendeu as mãos para o trono terrificante, levantou os olhos em direção a seu Filho, o Senhor do céu e da terra, suspirou e disse: "Tem piedade, Senhor, que dominas sobre os cristãos! Pois eu vi tormentos que ninguém consegue suportar. E quero sofrer com eles".

Então Cristo respondeu com estas palavras: "Como poderia eu ter piedade deles, que não tiveram piedade com seus irmãos e irmãs e com meus pobres?"

Não obstante disse a digníssima Mãe: "Ajuda-me, ó Senhor!"

E Deus disse: "Não existe nenhuma pessoa na terra que me tivesse invocado e que eu não atendesse. Mas estes não quiseram invocar meu nome".

Então disse a cheia de Glória a seu Filho: "Amado Filho, desce e ouve a oração dos condenados!"

E de fato o Filho do Pai, Cristo Senhor, desceu de seu trono. E viram-no também os torturados. Por isso clamaram em altas vozes e disseram: "Tem piedade de nós, Filho de Deus!"

E o Senhor disse o seguinte: "Ouvi, todos os homens! Por causa da piedade de minha Mãe e da oração dos anjos havereis de morar no paraíso desde minha ressurreição no dia da Páscoa até ao Domingo de Todos os Santos. Depois voltareis para o vosso tormento".

E os santos homens e mulheres louvaram a Deus. E desde então passaram a esperar pelo dia da ressurreição do Senhor.

Apócrifo, *Apocalipse da Mãe do Senhor* (século IX, russo)

Pálido reflexo

Pois por mais sincero que tenha sido meu desejo por *ahimsa* (não violência), ele foi imperfeito e inadequado. Por isso os poucos e fugazes vislumbres que pude ter da verdade dificilmente podem dar uma ideia de seu indescritível brilho, um milhão de vezes mais intenso do que o brilho do sol que vemos todos os dias com nossos olhos. De fato, o que pude apanhar foi apenas um pálido reflexo deste poderoso brilho. Mas, como resultado de todas as minhas experiências, posso pelo menos dizer com segurança que uma perfeita visão da verdade só pode ser a consequência da completa realização da *ahimsa*.

Para olhar face a face o universal espírito da verdade que tudo penetra, é preciso que se seja capaz de amar a menor das criaturas como a si mesmo. E aquele que a procura não pode se dar ao luxo de afastar-se de todas as esferas da vida do mundo. Por isso minha entrega à verdade impeliu-me para o terreno da política. Sem a mínima hesitação posso dizer que quem afirma que a religião nada tem a ver com a política não conhece o significado de religião.

Identificar-se com tudo quanto vive não é possível sem autopurificação; sem autopurificação, a observação do mandamento da *ahimsa* tem que permanecer um sonho vazio. Deus nunca pode ser reconhecido por alguém que não tenha o coração puro. Por isso autopurificação tem que significar purificação em todos os passos da vida. E como a purificação é extremamente contagiosa, a purificação de alguém leva à purificação do seu ambiente.

Mas o caminho da autopurificação é duro e íngreme. Para alcançar a perfeita pureza é preciso tornar-se inteiramente livre das paixões no pensar, no falar e no agir; é preciso levantar-se acima das correntes contrárias de amor e ódio, de afeição e repulsa. Sei que ainda não possuo em mim esta tríplice pureza, embora me esforce continuamente por alcançá-la.

Mahatma Gandhi, Autobiografia

Ao vosso meio chegou vida nova

Oh! Sol, lua e estrelas, vós todos que vagais no céu,
Ouvi-me, eu vos peço!
Ao vosso meio chegou uma nova vida.
Aplaudi, vos imploro!
Fazei plana sua vereda para que alcance a margem da primeira colina!

Oh! Vós ventos, nuvens, chuva, neblina, vós todos que vagais pelos ares,
Ouvi-me, eu vos peço!
Em vosso meio chegou uma vida nova.
Aplaudi, vos imploro!
Fazei plana sua vereda, para que alcance a margem da segunda colina!
Oh! Vós montes, vales, rios, lagos, árvores, ervas, vós todos que estais sobre a terra,
Ouvi-me, eu vos peço!
Em vosso meio chegou uma nova vida.
Aplaudi, vos imploro!
Tornai plana sua vereda, para que alcance a margem da terceira colina!
Oh! Vós pássaros grandes e pequenos, que voais no ar,
Oh! Vós quadrúpedes grandes e pequenos, que morais na floresta,
Oh! Pequeno verme, que rastejas na grama e te escondes na terra,
Ouvi-me, eu vos peço!
Ao vosso meio chegou uma nova vida.
Aplaudi, vos imploro!
Tornai plana a sua vereda, para que atinja a orla da quarta colina!
Oh! Vós todos no céu, no ar e na terra:
Ouvi-me, eu vos peço!
Ao vosso meio chegou uma nova vida.
Aplaudi, aplaudi, vos imploro!
Tornai plana a sua vereda, para que possa andar livremente sobre as quatro colinas!

Oração dos Sioux no nascimento de uma criança

Dureza de coração

Por isso [há] homens hoje tão endurecidos que não mostram a mínima misericórdia para com aqueles a quem falta alguma coisa... Pois a dureza de coração é o que existe de pior, porque não tem misericórdia nem procura o amor nem realiza boas obras... estes preferiram seus corações e intenções à vontade divina, e assim lutaram contra Deus. Mas assim como Deus, no mal do mais elevado dos anjos e na loucura dos primeiros homens, destruiu suas vontades próprias, e assim como trouxe o pavor e o espanto ao faraó, quando matou os primogênitos do Egito: assim ele confunde agora também a dureza de coração que se transforma em dureza de pedra, de modo a não se deixar amolecer nem por prescrições legais nem por ordem da razão humana. Por isso Deus tira-lhe também a ajuda e a precipita na ruína, como ao faraó.

Hildegarda de Bingen, *Livro dos méritos da vida*

Sofrer com Jesus

Cristo mostrou-me uma parte do seu sofrimento pouco antes de sua morte. Vi seu belo rosto como que ressequido e exangue na palidez da morte; depois tornou-se mais descorado ainda, decaiu, e a cor se tornou mais azulada, igual à de um morto, e também visivelmente mais escura à medida que a carne definhava. Pois todos os tormentos que o Senhor sofreu em seu Corpo manifestavam-se (enquanto podia observar) em sua santíssima face, e sobretudo nos lábios. Nestes, nos lábios, que antes eu havia visto frescos e vermelhos e cheios de vida e agradáveis ao meu olhar, vi aquela quádrupla mudança. Agora a profunda palidez da morte, que terrível transformação! Também as aletas do nariz se modificaram, e eu vi como encolheram. Esta lentidão da morte pareceu-me durar tanto como se o Salvador tivesse agonizado por sete noites, sempre em tormentos.

A mim o definhar da carne de Cristo me pareceu o mais terrível sofrimento de sua paixão – e também o último. Enquanto isto, lembrava-me de suas palavras: "Tenho sede!" [...]

O que eu percebi como sede corporal era o sofrimento que seu corpo teve que suportar pela falta de umidade; pois sua santíssima carne, assim como também os ossos, estavam inteiramente esvaziados de sangue e líquido. Por muito, muito tempo, seu santíssimo corpo perdeu sangue em consequência do dilaceramento das feridas dos cravos, provocado pelo peso da cabeça e do corpo. Também o vento que se levantou ressecou-o, e mais do que tudo o frio ocasionou-lhe amargo sofrimento, mais amargo do que meu coração era capaz de imaginar. Vi um tormento tão imenso que tudo quanto pudesse falar a seu respeito pouco seria; pois não é possível descrevê-lo. Só em si própria pode a alma sentir o que ocorreu com Jesus Cristo, como disse São Paulo: "Tende em vós os mesmos sentimentos que Cristo Jesus teve". Pois, embora só tenha sofrido uma vez, como sei perfeitamente, Ele quis no entanto mostrar-me este sofrimento e com ele encher meu espírito, como antes eu o havia desejado.

Minha mãe, que juntamente com outras pessoas encontrava-se a meu lado e me viu, ergueu sua mão para minha face a fim de fechar os meus olhos; pois pensou que eu estivesse morrendo, ou que tivesse acabado de morrer – e isto aumentou em muito a minha tristeza. Pois, apesar de todas as minhas dores eu não queria ser impedida (de olhar Nosso Senhor), por causa do amor que sentia por Ele. Além disso, durante todo o tempo em que Cristo esteve presente, eu não sentia nenhuma outra dor além das suas. Mas parecia-me que agora eu havia conhecido plenamente as dores que pedira; pois estava convencida de que estas dores superavam as de minha morte corporal. "Pode alguma pena do inferno comparar-se a este tormento?" [do hino mariano "Stabat Mater"] – pensava eu, e minha razão obteve a resposta de que o desespero ainda é maior, por ser um tormento espiritual, mas que entre as dores corporais não existiria nenhuma igual a esta. Como poderia também minha dor ser maior do que ao vê-lo sofrer, a Ele que é toda a minha vida, toda a minha felicidade e toda a minha alegria?

Aqui realmente senti que amava Cristo muito mais do que a mim mesma; pois me teria sido muito mais fácil morrer. Agora tornou-se-me clara também uma parte da compaixão da Mãe de Deus, pois Cristo e sua mãe eram uma só coisa em seu amor, que a grandeza de seu amor era a razão para a grandeza de sua dor. Na medida em que o amava mais que todos os outros, também sua dor superava as dores de todas as outras pessoas; assim seus discípulos e todos que verdadeiramente o amavam sofreram dores maiores do que as que sentiram em sua própria morte corporal.

Juliana de Norwich, *Uma revelação do amor divino*

Jesus nossa mãe

Desta maneira Jesus Cristo, que pelo bem supera o mal, é verdadeiramente nossa mãe. Dele recebemos nosso ser; pois aí se encontra a origem da maternidade e toda a doce segurança do amor, que brota daí por todo o sempre. Tão verdadeiramente como Deus é nosso pai, tão verdadeiramente Deus é também nossa mãe; é o que ele atesta em tudo, mas principalmente com aquelas doces palavras: "Sou eu". Isto significa: "Sou eu – o poder e a bondade da paternidade. Sou eu – a sabedoria e o acolhimento da maternidade. Sou eu a luz e a graça, que é toda inteira amor e bênção. Sou eu – a Trindade. Sou eu – a Unidade. Sou eu, a excelsa bondade, que reina sobre todas as coisas. Sou eu, quem desperta teus anseios. Sou eu – o eterno cumprimento de todos os bons desejos".

Pois lá [junto a Ele] a alma é mais elevada, mais enobrecida e mais glorificada – e no entanto também mais pequena, mais humilde e mais suave. Desta origem do nosso ser vêm todas as nossas virtudes; pela natureza com que nos presenteou, recebemos nossas forças sensíveis, pela ajuda e impulso de misericórdia e graça, sem os quais nada conseguimos, nossas virtudes sobrenaturais. Nosso excelso Pai, o Deus todo-poderoso, que é o ser, nos conheceu e nos amou desde a origem dos tempos. Partindo deste conhecimento, e em todo o seu maravilhoso e profundo amor, bem como através da decisão da Santíssima Trindade, prevista desde toda a eternidade, Ele quis que a Segunda Pessoa se tornasse nossa Mãe, nosso irmão e nosso redentor. Deus é, pois, tão verdadeiramente nossa Mãe como é nosso Pai. Como nosso Pai Ele determina, como nossa Mãe Ele atua, mas o Espírito Santo, que é nosso bom Senhor, o confirma. Por isso depende de nós amarmos nosso Deus, no qual temos o nosso ser, respeitá-lo, agradecer-lhe e glorificá-lo a Ele que nos criou. Com todo ardor e seriedade, queremos dirigir-nos a nossa Mãe implorando misericórdia e piedade, e a nosso Senhor o Espírito Santo, pedindo-lhe auxílio e graça. Pois nestes três está incluída toda nossa vida: natureza, misericórdia e graça.

Juliana de Norwich, *Uma revelação do amor divino*

Compaixão com o leproso

Aproximou-se dele (de Jesus) um leproso, suplicando-lhe de joelhos: "Se quiseres, poderás limpar-me".

Jesus se compadeceu dele, estendeu a mão e o tocou, dizendo: "Eu quero, sê limpo".

E imediatamente a lepra desapareceu e ele ficou limpo.

Marcos 1,40-42

Capacidade de ter compaixão

O sentido de uma tal história de esperança parece, no entanto, obscurecer-se precisamente para o homem de nossa sociedade do bem-estar. Não se encontra nossa sociedade sempre mais debaixo da influência de uma universal falta de compreensão, de uma crescente insensibilidade frente ao sofrimento? Bombardeados todos os dias e de todos os cantos do mundo com notícias de morte, de catástrofes e de dores, e expostos a sempre novas imagens de brutalidade e crueldade, procuramos – quase sempre inconscientemente – nos imunizar contra as impressões que não conseguimos mais elaborar em tamanha quantidade. Muitos buscam "garantir-se" contra toda espécie de desgraça. Outros procuram anestesiar-se. Outros ainda procuram salvação na utopia de uma sociedade sem sofrimentos. Para estes a dor é hoje apenas a pré-história da vitória definitiva da liberdade humana, muitas vezes simples e excessivamente identificada com a história da abolição da opressão social. Mas tais utopias perderam sua força, desde que o mundo inteiramente tecnicizado vem apresentando profundos rasgos. Para muitos o sofrimento transformou-se desta forma num obstáculo que não tem sentido, ou na causa de um medo de viver que mal conseguimos disfarçar.

Para, pois, nos aproximarmos mais do sentido de nossa história de esperança cristã temos antes que romper o veto anonimamente lançado sobre o sofrimento em nossa sociedade "progressista". Não se trata de impedir a necessária luta contra o sofrimento. Trata-se antes de voltarmos a nos tornar mais capacitados para o sofrimento, para que assim nos aproximemos mais do sofrimento dos outros, e com isto do mistério do sofrimento de Jesus, que se fez obediente até à morte (Fl 2,8) a fim de tornar possível nossa conversão para Deus, e com isto também nossa verdadeira liberdade. Onde não existir esta aptidão para o sofrimento, poderão existir progressos na técnica e na civilização. Mas, tratando-se da verdade e da liberdade, não poderemos progredir sem ela. Nem nos aproximar um passo que seja da esperança num Messias sofredor e crucificado! Aqui nós cristãos só podemos testemunhar nossa esperança através de uma comunhão crítica, enérgica e cheia de amor ao nosso tempo.

Na verdade, a mensagem de Jesus se volta imediatamente sempre contra nós mesmos, que cheios de esperança erguemos nosso olhar para a cruz. Pois ela não permite que, para além da história de sua paixão, esqueçamos a anônima história da paixão do mundo; não permite que, para além de sua cruz, deixemos de ver as muitas cruzes do mundo, que, ao lado de sua paixão, silenciemos os muitos tormentos, as inúmeras mortes sem nome, a dor mudamente sufocada, a perseguição de tantas pessoas que por causa de sua fé, de sua raça ou de suas atitudes políticas são em nosso século torturadas até à morte, dentro dos sistemas fascistas ou comunistas; as crianças perseguidas desde os tempos de Herodes até Auschwitz, e até aos dias mais recentes. Mas, frente à história única de sofrimento da humanidade, não estaremos enfatizando em demasia a história de nossa Igreja e do cristianismo? Ao relacionarmos a ideia do sofrimento cristão exclusivamente à sua cruz e a nós que o seguimos, não estamos criando interstícios em nosso mundo, interstícios de onde está ausente a proteção ao sofrimento alheio? Não nos tornamos, nós cristãos, tantas vezes insensíveis e indiferentes em relação a este sofrimento? Não o repelimos para o "terreno puramente profano" – como se jamais tivéssemos ouvido que aquele para quem nossa esperança está voltada vem ao nosso encontro precisamente a partir desta história "profana" de sofrimento, pondo em xeque a seriedade de nossa esperança: "Senhor, quando foi que te vimos sofrendo?"..."Em verdade vos digo, o que deixastes de fazer a um destes menores, foi a mim que o deixastes de fazer" (Mt 25). Só quando nós cristãos tivermos ouvidos atentos para a sombria profecia deste sofrimento, e nos voltarmos para ele com prestatividade, é que haveremos de ouvir e professar retamente a mensagem esperançosa do seu sofrimento.

Nossa esperança. Uma confissão de fé em nosso tempo.

VIII
Sede compassivos como vosso criador

O cerne da Torá

Não te vingues nem guardes rancor contra teus compatriotas. Amarás a teu próximo como a ti mesmo. Eu sou Javé.

Levítico 19,18

Ouve, Israel! O Senhor nosso Deus é um só. Amarás o Senhor teu Deus com todo o coração, com toda a alma, com todas as forças!

Deuteronômio 6,4s

O verdadeiro sentido do amor religioso

Pela compaixão, o ser humano começa a amar o seu semelhante, a fazer do outro o próximo. O que a ética não conseguiu, consegue-o a religião. Criar o amor ao próximo. Como um milagre, como um enigma, o amor surge da cabeça, ou, antes, do coração do homem. Como pode o homem interesseiro amar um outro, este mesmo homem do qual se pretende que não seja capaz de amar senão a mulher, carne de sua carne? Não é uma ilusão, esta transferência, esta metáfora do amor sexual? Não, o amor como compaixão deixa de carregar consigo a suspeita de ser uma metáfora. Diante da pobreza, o problema do próximo apresenta-se à consciência científica. Pois aqui a criatura humana ao lado torna-se uma contradição em si mesma, já que é antes uma subcriatura humana. Aqui a anomalia parece ser a regra. Por mais incompreensível que possa parecer, torna-se não obstante compreensível, no contexto das diretrizes da consciência, que nele surja a compaixão como um amor verdadeiro. Esta visão é revelada pelo sofrimento. E esta revelação tomou posse de toda a consciência.

O sofrimento, nesta visão, revela-se como que sendo a essência do homem. Não é o corpo que sofre e passa fome, mas é o problema do homem e de sua consciência cultural que é arrancado inteiramente de seu equilíbrio.

Este sofrimento vai além de todo sentimento de tragédia. Se quiseres saber o que é o homem, trata de conhecer seu sofrimento. Já não se trata mais de uma metafísica do pessimismo, mas com base na visão social a pobreza se personifica no homem. E daí começa tudo, o próprio homem começa com este amor social, com esta compaixão social com a pobreza. Assim fica inteiramente fora de dúvida que, como amor religioso, o amor começa com o amor ao ser humano.

Primeiramente ele ensina o homem a amar os homens. Primeiro, ensina a reconhecer na pobreza o sofrimento humano. Primeiro, portanto, correspondendo a esta visão social do sofrimento, ele ensina a inflamar na compaixão o sentimento original do homem. Por isso ensina primeiramente a fundamentar na compaixão o verdadeiro sentido do amor religioso, e em sua veracidade a distinguir esse amor de todas as ambiguidades do prazer, inclusive do prazer estético com ele envolvido. Por isso ensina primeiro a se descobrir o homem no próximo.

Por isso o amor ao homem tem que ser o início, porque, embora Deus tenha criado o homem, o próximo é o próprio homem quem o deve criar. E para esta criação ele tem necessidade de ser ajudado pela religião. Assim, pela segunda vez, Deus tem que se tornar criador, ao criar o homem como próximo através do próprio homem, através da parte racional da religião.

Só agora, depois de o homem haver aprendido a amar o homem como seu próximo, é que o pensamento volta a referir-se a Deus: que Deus ama o homem, e o homem pobre com a mesma predileção com que ama o estrangeiro. Pois raramente o estrangeiro se encontra sozinho no amor de Deus, quase sempre ele vem associado ao órfão e à viúva. Estes são os pobres típicos, os representantes da pobreza, e o apelo surge deles ainda mais concretamente do que do pobre, que de qualquer forma sempre é apenas uma abstração econômica. Veremos que, não obstante, também esta abstração adquire vida. A consciência social se torna cada vez mais clara e intensa. Os profetas fazem-se cada vez mais insistentes no combate à riqueza e ao luxo, e sua compaixão social se torna politicamente cada vez mais atual, e por isso religiosamente cada vez mais profunda.

Hermann Cohen, *Religião da razão a partir das fontes do judaísmo*

Agir como se Deus não existisse

O Rabi Mosche Löb falou: "Quando alguém chega a ti e te pede ajuda, não te compete recomendá-lo piedosamente: 'Tem confiança e entrega a Deus tuas necessidades', mas deves então agir como se não existisse Deus, como se em todo o mundo não existisse senão uma pessoa que pudesse ajudar a este homem, tu, somente tu".

Martin Buber, *Os relatos dos Hassidim*

Que faz o bem aos bons e aos maus

Ao Rabi Naum de Tchernobil veio um homem da Lituânia queixando-se de que não tinha dinheiro para casar sua filha. O zadik acabara de separar cinquenta florins para outras finalidades, ele os deu ao pobre e acrescentou também seu casaco de seda, a fim de que ele pudesse comparecer dignamente ao casamento. O outro recebeu, dirigiu-se logo para a taberna e começou a beber. Horas depois, chegaram alguns hassidim e o encontraram inteiramente embriagado, caído sobre o banco. Tiraram-lhe o resto do dinheiro e o casaco de seda, levaram-no ao Rabi Naum e contaram-lhe quão vergonhosamente sua confiança fora traída. Irado ele gritou: "Eu me esforço por imitar a Deus, 'o Bom, que faz o bem aos maus e aos bons', e vocês pretendem tirar isso de mim! Levem imediatamente tudo de volta!"

Martin Buber, *Os relatos dos Hassidim*

A perturbação

Uma vez, no meio da noite, quando o Rabi Mosche Löb estava mergulhado nos mistérios da doutrina, bateram à sua janela. Lá fora se encontrava um camponês embriagado pedindo abrigo e dormida. Por um momento o coração do zadik encheu-se de ira e ele falou: "Como se atreve esse beberrão, e o que ele quer aqui na minha casa?" E depois respondeu em seu coração: "E para que foi que Deus o colocou no seu mundo? Se Deus se arranja com ele, posso eu me recusar?" E imediatamente abriu a porta e preparou a cama.

Martin Buber, *Os relatos dos Hassidim*

Imitatio Dei

O Sasower deu uma vez a um homem de má fama seu último dinheiro. Os discípulos o recriminaram. "Devo eu", disse ele, "ser mais exigente do que Deus, que mo deu?"

Martin Buber, *Os relatos dos Hassidim*

Vocação

Finalmente, tende todos um mesmo sentir, sede compassivos, fraternais, misericordiosos, humildes. Não pagueis mal com mal nem injúria com injúria. Ao contrário, abençoai, pois fostes chamados para serdes herdeiros da bênção.

1ª Epístola de S. Pedro 3,8s

Porque não temos um Sumo Sacerdote incapaz de compadecer-se de nossas fraquezas. Ao contrário, passou pelas mesmas provações que nós, com exceção do pecado. Aproximemo-nos, pois, confiantemente do trono da graça a fim de alcançar misericórdia e achar a graça de um auxílio oportuno.

Epístola aos Hebreus 4,15s

Sede misericordiosos, como vosso Pai é misericordioso.

Lucas 6,36

Sede compassivos como vosso Criador no céu é compassivo

Sede compassivos como vosso Criador no céu é compassivo.

Esta recomendação, tirada do Sermão da Montanha de Jesus no Evangelho de Lucas, resume sua doutrina e corresponde à muito citada frase na versão do Sermão da Montanha segundo Mateus, que muitas vezes é traduzida como: "Sede perfeitos como vosso Pai celeste é perfeito" (5,48). O problema com esta tradução está em que a nossa palavra *perfeito* não reproduz o verdadeiro sentido da palavra na língua de Jesus. Uma tradução melhor seria: *maduro* ou *realizado*. E, na consciência judaica, uma tal madureza ou realização consistiria em ser tão compassivo como o/a divino/a é compassivo/a. Ser perfeito significa, portanto, ser compassivo.

A viagem espiritual da criação culmina na compaixão, no estar ligado ao criar justiça e ao celebrar. Justiça e alegria, juntas, constituem a experiência que realmente importa na compaixão. A capacidade de experimentar nossa ligação mútua refere-se tanto à alegria quanto à tristeza com que vivemos o outro. Na compaixão "justiça e paz se abraçam", como diz o salmista (85,11). Nosso agir é compassivo quando resulta de nossa mútua ligação.

Ser compassivo significa também ser profeta. Com isso nós todos somos ungidos profetas, e profetas e profetisas "se intrometem", como diz Abraham J. Heschel. Profetas se intrometem na injustiça, no sofrimento desnecessário que vem sobre a Terra e sobre todas as suas criaturas por causa da negligência dos homens com a justiça e a compaixão. Para todos nós vale este chamado profético de nos intrometermos na injustiça.

Lembremo-nos de que a justiça representa uma categoria tanto cósmica quanto humana. Em toda a criação reina a justiça ou homeostase, a busca do equilíbrio – em todos os átomos, galáxias, na Terra, na história do universo. A vocação humana para a compaixão e a justiça não é nenhuma carga, nem tem nada a ver com o sentimento de presunção. Trata-se de a espécie humana associar-se à dança de toda a criação em busca do equilíbrio.

Matthew Fox, *Espiritualidade da criação*

Como o juiz universal há de julgar

Quando o Filho do homem vier em sua glória com todos os seus anjos, então se assentará no seu trono glorioso e todas as nações se reunirão em sua presença e ele vai separar uns dos outros, como o pastor separa as ovelhas dos cabritos. As ovelhas colocará à direita e os cabritos, à esquerda. E dirá o rei aos que estão à direita: "Vinde, abençoados de meu Pai, tomai posse do reino preparado para vós desde a criação do mundo. Porque tive fome e me destes de comer, tive sede e me destes de beber, estive nu e me vestistes, enfermo e me visitastes, estava preso e viestes ver-me". E responderão os justos: "Senhor, quando foi que te vimos com fome e te alimentamos, com sede e te demos de beber? Quando foi que te vimos peregrino e te acolhemos, nu e te vestimos? Quando foi que te vimos enfermo ou na cadeia e te fomos visitar?" E o rei dirá: "Em verdade vos digo, todas as vezes que fizestes a um destes meus irmãos menores, a mim o fizestes". Depois dirá aos da esquerda: "Afastai-vos de mim, amaldiçoados, para o fogo eterno, preparado para o diabo e seus anjos. Porque tive fome e não me destes de comer, tive sede e não me destes de beber, fui peregrino e não me destes abrigo; estive nu e não me vestistes, enfermo e na cadeia e não me visitastes". E eles responderão, dizendo: "Senhor, quando foi que te vimos faminto ou sedento, peregrino ou enfermo ou na cadeia e não te servimos?" E ele lhes responderá dizendo: "Em verdade vos digo: quando deixastes de fazer a um desses pequeninos, foi a mim que não fizestes". E estes irão para o sofrimento eterno, enquanto os justos para a vida eterna."

Mateus 25,31-46

Quem?

Levantou-se um doutor da Lei e para o tentar perguntou: "Mestre, o que farei para alcançar a vida eterna?" Respondeu-lhe Jesus: "O que está escrito na Lei? Como é que tu lês?" Ele respondeu, dizendo: "Amarás o Senhor teu Deus de todo o coração, com toda a alma, com todas as forças, e com toda a mente, e o próximo como a ti mesmo". Falou-lhe então Jesus: "Respondeste bem. Faze isto e viverás".

Mas, querendo justificar-se, perguntou a Jesus: "E quem é meu próximo?" Tomando a palavra, disse Jesus: "Descia um homem de Jerusalém a Jericó. Pelo caminho caiu em poder de ladrões que, depois de o despojarem e espancarem, se foram, deixando-o quase morto. Por acaso desceu pelo mesmo caminho um sacerdote. Vendo-o, passou ao largo. Do mesmo modo, um levita, passando por aquele lugar, também o viu e passou adiante. Mas um samaritano, que estava de viagem, chegou a seu lado e, vendo, sentiu compaixão. Aproximou-se, tratou-lhe as feridas, derramando azeite e vinho. Colocou-o em cima da própria montaria, conduziu-o à hospedaria e teve cuidado dele. Pela manhã, tirando duas moedas de prata, deu ao hospedeiro e disse-lhe: 'Cuida dele e o que gastares a mais, na volta te pagarei'. Quem destes três te parece ter-se tornado o próximo daquele que caiu em poder dos ladrões?" Ele respondeu: "Quem usou de misericórdia para com ele". Então Jesus lhe disse: "Vai e faze tu o mesmo!"

Lucas 10,25-37

Ajudar sem saber

O samaritano age porque vê o homem quase morto, porque sente compaixão. Ele faz misericórdia. Quando nesta história nos deparamos com motivos teológicos, eles têm um colorido negativo: Pois os dois "teólogos" que aparecem, o sacerdote e o levita, fracassam em face da situação. Passam sem ajudar. Não apenas a história do samaritano é profana, mas ela chega mesmo a possuir uma conotação "antiteológica". No Evangelho de Lucas, as duas partes estão intimamente relacionadas. Pode-se entender esta composição no sentido de que o amor ao próximo esperado por Deus é exercido exemplarmente por alguém que não possui qualquer motivo religioso. A parábola do juízo universal em Mt 25,31s contém uma declaração semelhante: Os justos ajudam sem saber que, sob a figura do irmão menor, encontram o próprio Filho do Homem. Ajudam porque fome, sede, frio, prisão significam sofrimento e dor: e com isso eles realizam a vontade do juiz universal. Para reduzir estas observações a um conceito único, gosto de aludir a uma convergência entre motivos teológicos e humanos, uma convergência de que a pessoa que age não precisa necessariamente estar consciente.

Gerd Theissen, *Ler a Bíblia com espírito diaconal*

Limites culturais e religiosos

A narrativa clássica que fundamenta a motivação cristã para a ajuda, a história do samaritano, não apresenta muita motivação especificamente cristã. Muito menos apresenta ela uma fundamentação que busque desvalorizar os motivos humanos gerais para a ajuda. Pelo contrário! A história pode ser entendida como um pedido que nos é feito para em todas as pessoas descobrirmos e reconhecermos motivação para a ajuda. A motivação para a ajuda é soberana frente às limitações culturais e religiosas. Pode manifestar-se em toda parte, mesmo onde jamais a haveríamos de esperar. É soberana também em relação ao pecado do homem. Como se diz numa palavra de Jesus, também os homens maus sabem fazer bem aos seus filhos (Lc 11,13). Apesar de todas as deformações, a motivação para ajudar irrompe sempre soberana – como a recordar-nos que todos os homens são criaturas de Deus.

Gerd Theissen, *Ler a Bíblia com espírito diaconal*

Lembrar o sofrimento alheio

O primeiro olhar de Jesus não estava dirigido para o pecado dos outros, mas para o sofrimento dos outros. Para ele o pecado era antes de tudo negar-se a participar do sofrimento alheio, era a recusa de pensar para além do horizonte da própria história de sofrimento, era, como Agostinho o haverá de chamar, a "deformação do próprio coração", a entrega ao próprio narcisismo oculto da criatura. Assim o cristianismo começou como uma comunidade de recordação e de narrativa no seguimento de Jesus, cujo primeiro olhar estava dirigido para o sofrimento alheio.

Existem parábolas de Jesus em que de maneira especial ele se coloca dentro da memória da humanidade. Pertence a este número sobretudo a parábola do "Bom Samaritano", com a qual responde à pergunta: "Quem é o meu próximo?" Ou, traduzindo a pergunta para o nosso contexto: Por quem eu sou responsável? Desta parábola, dentro da moldura de uma sociedade provinciana arcaica, uma coisa fica perfeitamente clara: esta esfera de responsabilidade não pode de antemão ser claramente estabelecida nem delimitada por nós. O "próximo", e com isso o parceiro de nossa responsabilidade, nunca é apenas aquele que como tal consideramos e admitimos. Em princípio o âmbito da responsabilidade é ilimitado. O critério para a medida e a extensão é e fica sendo – o sofrimento alheio, como na história de Jesus aquele que foi vítima dos ladrões, a quem o sacerdote e o levita, por "interesses superiores", deixam para trás. Quem diz "Deus" no sentido de Jesus, leva em consideração o deixar de lado as próprias certezas adquiridas, em vista da desgraça dos outros. Falar deste Deus significa dar voz ao sofrimento alheio.

Desta forma, a memória do sofrimento passa a ser a base de uma responsabilidade universal, que são também os sofrimentos dos outros, os sofrimentos dos estranhos, e que leva em consideração – no sentido bíblico incondicional – até mesmo os sofrimentos dos inimigos, sem os esquecer no julgamento da própria história do sofrimento de cada um. Este lembrar o sofrimento alheio é não somente a base moral para a compreensão sincrônica entre os homens, ele vai fundo também na paisagem política diacrônica de nosso mundo.

Johann Baptist Metz, A *lembrança do sofrimento alheio*

Como acreditar na misericórdia de Deus

A capacidade de não deixar de amar depende da fé em Deus, se com isto entendemos que a totalidade do mundo não é vazia de sentido, casual e indiferente para com o homem, mas a favor dele. Mas, como poderia crer nesta misericórdia de Deus um homem que tenha visto todos os seus parentes morrerem sob tortura, que tenha sido ele próprio torturado durante muito tempo em um campo de concentração? "Se tais pessoas acreditaram na misericórdia de Deus, agora ou elas não acreditam ou sua ideia a este respeito transformou-se radicalmente." A fé na misericórdia não pode ser lida ou fundamentada diretamente na natureza. Toda tentativa desta espécie pressupõe que fechemos nossos olhos e ouvidos e arranquemos de nós toda e qualquer compaixão. Esta espécie de "fé" num sentido que possa ser comprovado no decorrer da história, na misericórdia e justiça que possa ser manifestada, é capaz apenas de levar os fiéis à falta de compaixão. Como forma de pensamento da fé cristã, o que permanece necessário é o paradoxo, não um conhecimento que possa ser obtido a partir da natureza e da história. *Credo, non video*: vejo a injustiça, a destruição, o sofrimento sem sentido – creio na justiça, na futura libertação, no amor que acontece na noite da cruz. Mas precisamente esta fé sem razão na misericórdia é religião de escravos...

Dorothee Sölle, Sofrimento

O clemente e misericordioso

Para mim, todo o "cristianismo" se concentra em última análise em dois versículos da Bíblia. Estes dois versículos confirmam mais uma vez que graça e misericórdia não são duas "propriedades" isoladas de Deus que se bastem a si mesmas, mas que constituem o cerne de seu ser, de sua vontade e agir, e, mais que um conceito e um ser, elas significam um mover-se e um acontecer: o gracioso voltar-se de Deus para os homens.

O primeiro versículo da Bíblia é extraído da parábola do filho pródigo e diz: "Ainda longe, o pai o viu e, comovido, lhe correu ao encontro e se lançou ao pescoço, cobrindo-o de beijos (Lc 15,20).

A virada decisiva que a parábola descreve não se encontra no retorno do filho para o pai, mas sim no voltar-se do pai para o filho. Quando o pai vê o filho vir ao longe, corre-lhe ao encontro. O amor do pai possui um tal ímpeto que o filho nem chega a realizar os gestos rituais de submissão, não consegue sequer articular uma palavra. O pai simplesmente o toma nos braços e fecha-lhe a boca com um beijo. Ele também não faz mais tarde acusações ao filho, nem vai analisar com ele o seu passado. Em vez disso, uma roupa festiva no lugar dos farrapos – o que significa: desfazer-se dos fracassos do passado e alcançar um novo prestígio diante de Deus e dos homens; sapatos nos pés descalços – que significa: não mais sair para o campo, nada de trabalho servil, mas sim plena aceitação como filho; e um anel no dedo, que significa: direito de representação, de selar, de firmar tratados, não obstante o risco de voltar até mesmo a colocar mais uma vez tudo em jogo!

O segundo versículo da Bíblia é extraído da parábola de Jesus do bom samaritano, e diz: "Um samaritano, que estava de viagem, chegou a seu lado e, vendo, sentiu compaixão" (Lc 10,33).

Este versículo repete quase literalmente a frase central da parábola do filho pródigo e a leva adiante. Mais uma vez fala-se de um caminho, de um ver e de um apiedar-se e de um pôr-se-a-caminho. O movimento que o pai faz para o filho que volta é assumido e como que levado adiante, continuado em imagem no movimento do bom samaritano para com aquele que jaz à beira da estrada. Assim como o pai se inclina para o filho que regressa e o puxa para si, assim também o samaritano se volta para o que caiu nas mãos dos ladrões, inclina-se para ele, levanta-o e leva-o consigo. A graciosa atenção de Deus para com os homens se prolonga no misericordioso volver-se do homem para com seu próximo.

Heinz Zahrnt, O clemente e misericordioso

Nobre, não grosseiro

Penélope: É bem curta, sem dúvida, a vida dos homens. Quem é grosseiro e com os outros somente asperezas pratica,
Imprecações só recolhe de todos os homens terrenos,
Enquanto vivo; depois que se fina, maldizem-no todos.
Mas quem se mostra benigno e só sabe espalhar benefícios,
Os estrangeiros a fama excelente por longe lhe exaltam
Entre os mortais, sendo muitos os homens que nobre lhe chamam.

Homero, Odisseia

Não ofender – Não praticar violência

Não violência, veracidade, não furtar, levar uma vida pura e não tomar posse das coisas são as (regras da) disciplina externa (*yama*).

Estas regras abrangem o grande voto que perpassa todas as esferas da vida e que não depende das limitações de nascimento, lugar, tempo e circunstâncias.

Pureza, repouso interior, ascese, estudo e entrega a Deus são as disciplinas interiores (*niyama*).

Quando impedido por pensamentos que perturbam, deve-se meditar sobre o contrário.

Pensamentos que perturbam são violência etc. (isto é, mentira, furto, licenciosidade e cobiça). Eles surgem de ações feitas, ocasionadas ou permitidas, motivadas por cobiça, ira ou confusão, e que surgem em grau fraco, médio ou intenso. Seu resultado é sofrimento e ignorância sem fim. (A consciência deste processo) é meditação sobre o contrário.

Quando se está bem ancorado na não violência cria-se uma atmosfera de paz, e todos quantos se encontram por perto desistem da inimizade.

Patanjali, *Ioga Sutra*

O primeiro dos dez mandamentos da ioga

No início do caminho se encontram dois mandamentos morais, a saber, a disciplina moral geral (*yama*) e a autodisciplina (*niyama*), cada um dividido em cinco, de modo que resultam dez mandamentos da ioga, cada qual bem conhecido, transmitindo orientação e muitas vezes comparados com os mandamentos cristãos.

Ahimsa é como se chama a primeira exigência, isto é, não-machucar. Mas com isto não se está pensando unicamente no comportamento dos homens uns para com os outros, o "não matarás" da Bíblia. Vyasa ensina em seu comentário que, de uma maneira inteiramente geral, em nenhum momento e de nenhum modo se pode causar qualquer dor a qualquer ser vivo, uma interpretação que por muitos iogues é entendida como a exigência de se levar uma vida vegetariana. Bem, com seu postulado ético, o sábio Vyasa certamente não estava pensando em dar uma prescrição alimentar. Mas o mundo certamente estaria em melhores condições, se cada um se esforçasse, pelo menos em seu contexto social mais próximo, por não considerar os seres vivos de seu ambiente, quer animais quer plantas, como concorrentes na luta pela vida, mas como parceiros, com quem deve ser compartilhado o espaço vital.

H. Weiss, *Fontes da ioga*

Enquanto houver quem grite por ajuda

Enquanto houver neste mundo homens que peçam ajuda, sempre hei de voltar e mandá-los subir ao meu barco a fim de passarem comigo para as margens celestes. Como poderia alegrar-me com minha liberdade divina, enquanto outros estão sofrendo? Enquanto souber que estão em necessidade (como eu mesmo estaria, se Deus não me houvesse concedido sua graça), eu nem sequer poderia gozar plenamente de sua indizível bem-aventurança.

Yogananda

Meditação e vida ativa

Se buscais vossa salvação, ireis para o inferno. É a salvação dos outros que deveis buscar... E mesmo que o trabalho pelos outros vos levasse ao inferno, isto valeria mais do que se com a busca de vossa salvação ganhásseis o céu... Ramakrishna veio para dar sua vida ao mundo. Também eu quero oferecer a minha. E também vós deveis fazer todos da mesma maneira. E o sacrifício de nós todos é apenas um primeiro começo. De nosso sangue derramado surgirão um dia gigantes, trabalhadores heroicos que hão de revolucionar o mundo...

Meu filho, antes de tudo, abre a porta de teu quarto e olha ao redor de ti... Cem infelizes moram bem ao lado de tua casa. Serve-os na medida de tuas forças. Um está doente: cuida dele. Outro está com fome: alimenta-o. Um terceiro é ignorante: instrui-o. Se quiseres a paz de tua alma, serve aos outros! Esta é a minha palavra.

Deveis tentar unir em vossa vida um idealismo sem medidas com um sentido prático sem medidas. Deveis sempre estar prontos para mergulhar nos abismos da meditação, e a seguir deveis poder dedicar-vos à agricultura e, depois, explicar as dificuldades dos shastras e oferecer os frutos de vosso campo...

Vivekananda

De como suportar os sofrimentos com alegria por amor a Deus

Deus conduz por estranhos caminhos os filhos que ele escolhe. Foi um caminho estranho e um caminho nobre e um caminho santo o que Deus mesmo percorreu: o de um homem que suporta sofrimentos sem pecado e sem culpa. Neste caminho alegra-se a alma que se consome por Deus. Pois naturalmente ela se alegra voltando-se para seu Senhor, que por sua causa suportou muito sofrimento. Nosso amado Senhor, o Pai do céu, "entregou seu Filho unigênito" (Jo 3,16) para que sem culpa fosse atormentado pelos pagãos e martirizado pelos judeus. Agora chegou a hora em que muitas pessoas que parecem espirituais atormentam os filhos de Deus no corpo e os martirizam no espírito. Pois Deus quer que eles sejam semelhantes a seu querido Filho, que foi atormentado no corpo e na alma.

Matilde de Magdeburgo, A *luz contínua da divindade*

O começo da penitência

Foi assim que o Senhor me concedeu a mim, Frei Francisco, iniciar uma vida de penitência:

Como estivesse em pecado, parecia-me deveras insuportável olhar para os leprosos. E o Senhor mesmo me conduziu entre eles e eu tive misericórdia com eles. E enquanto me retirava deles, justamente o que antes me parecia amargo se me converteu em doçura da alma e do corpo. E depois disto demorei só bem pouco e abandonei o mundo.

Francisco de Assis, *Testamento*

Não pouco enjoo e aborrecimento

Ele, que tinha natural aversão pelos leprosos, julgando-os a monstruosidade mais infeliz deste mundo, encontrou-se um dia com um, quando andava a cavalo por perto de Assis. Ficou muito aborrecido e enjoado, mas, para não quebrar o propósito que fizera, apeou e foi beijá-lo. O leproso estendeu-lhe a mão para receber alguma coisa e recebeu de volta o dinheiro com um beijo. Francisco tornou a montar, mas, apesar de estar em campo aberto, olhou para todos os lados e não viu mais o leproso.

Cheio de admiração e de alegria, poucos dias depois tratou de repetir a boa obra. Dirigiu-se para onde moravam os leprosos, deu dinheiro a cada um deles e beijou-lhes a mão e a boca. Assim substituiu o amargo pelo doce e se dispôs corajosamente para o que ainda estava por vir.

Tomás de Celano, Vita secunda S. Francisci

Reverenciar os senhores como irmãos

Advertia também os irmãos que não julgassem homem algum nem desprezassem os que vivem na moleza e se vestem elegante e superfluamente: "Pois Deus é Senhor nosso e deles, e tem o poder de chamá-los a si e torná-los justos". Dizia também e queria que os irmãos os reverenciassem como irmãos e senhores, porque eles são irmãos enquanto criados pelo mesmo Criador, e são os senhores enquanto ajudam os bons a fazer penitência, ministrando tudo o que é necessário ao corpo; e, dizendo estas coisas, acrescentava: "A vida dos irmãos entre os homens deveria ser de tal forma que todo aquele que os visse e os escutasse, glorificasse e devotamente louvasse o Pai celeste".

Legenda dos Três Companheiros

Acolher com carinho

Se alguém, por inspiração divina, quiser abraçar esta vida e for ter com os nossos irmãos, esses o recebam carinhosamente. E se estiver firmemente decidido a adotar nosso gênero de vida, os irmãos se abstenham cuidadosamente de interferir nos seus negócios temporais; mas apresentem-no quanto antes ao seu ministro. O ministro o receba carinhosamente, conforte-o e lhe explique diligentemente em que consiste o nosso gênero de vida. Feito isto, e se o candidato resolver abraçar esta vida, venda tudo o que possui – na medida que puder fazê-lo espiritualmente sem impedimento – e procure distribuí-lo entre os pobres.

Regra não bulada de São Francisco

Ser imagem de Deus e ser finito

A ajuda, em última análise, não pode legitimar-se através de sua função em amplos contextos, mas somente como uma maneira de preservar a imagem de Deus no ser humano: como todo homem possui valor infinito, faz sentido ajudá-lo. Em toda parte onde a ajuda ocorre, volta a brilhar – em meio a um mundo caracterizado pelo pecado e pelo sofrimento – a imagem de Deus no homem. Pois em toda parte pode-se sentir então que o homem possui um valor que não está limitado aos contextos da natureza, da história e da vida: os cristãos podem e devem reconhecer a ajuda a outros homens, amá-la e valorizá-la – mesmo em relação aos que não compartilham de seus motivos ou de sua fé. Podem ver nisto sinais da bondade de Deus, um lembrete de que todos os homens são criaturas de Deus.

A ajuda é prestada por homens finitos, por criaturas de Deus que nunca são perfeitas. Sempre dispomos apenas de informações limitadas, apenas de restritas possibilidades de tempo, competência, recursos, e sempre só de motivos altruístas limitados. Aquele que, ao prestar ajuda, se coloca no papel de Deus, deseja controlar todas as circunstâncias, julga ter que afastar todo sofrimento e quer fazer a história recomeçar – comporta-se sem moderação. Quando a ajuda acontece, volta a brilhar não somente a imagem de Deus na criatura, mas também os limites da criatura tornam-se claros. A síndrome da ajuda surge onde estes limites não são mais respeitados. Isto é válido tanto para uma ética humanista como também para uma ética cristã da ajuda.

Gerd Theissen, *Ler a Bíblia com espírito diaconal*

IX
Tende compaixão

Dos compassivos

Na verdade, não gosto deles, os compassivos, que são felizes em sua compaixão: tanto lhes falta vergonha.

Se tiver que ser compassivo, tal não quero ser chamado; e se o for, prefiro que o seja de longe.

Friedrich Nietzsche, *Assim falou Zaratustra*

Tende compaixão

Mas, se tiveres um amigo que sofre, sê para o seu sofrimento um lugar de repouso, porém como um leito duro, uma cama de campanha: assim lhe poderás ser mais útil.

E se teu amigo te faz mal, dize-lhe: "Perdoo-te o que me fizeste; mas o fato de o teres feito, como poderia eu perdoar!"

Assim fala todo grande amor: ele supera também o perdão e a compaixão.

É preciso segurar o coração; pois quando o deixamos solto, logo a confusão se estabelece!

Ah, onde aconteceram loucuras maiores do que com os compassivos? E o que provocou mais sofrimento do que as tolices dos compassivos?

Ai de todos os amantes, que não tiverem também uma estatura que supere sua compaixão!

Assim me falou o diabo uma vez: "Também Deus tem seu inferno: é o seu amor com os homens".

E há pouco ouvi-o dizer esta palavra: "Deus está morto; morreu por sua compaixão para com os homens".

Assim tende compaixão: *dela* ainda há de surgir para os homens uma nuvem pesada! Na verdade, eu entendo de sinais do tempo!

Mas guardai também esta palavra: todo grande amor ainda está acima de qualquer compaixão: pois ainda quer criar o amado!

"Apresento-me a mim mesmo ao meu amor e a meu próximo como a mim mesmo" – eis o discurso de todos os criadores. Mas todos os criadores são duros.

Assim falou Zaratustra.

Friedrich Nietzsche, *Assim falou Zaratustra*

Da compaixão com o homem superior

E mais uma vez Zaratustra mergulhou em si e sentou-se novamente sobre a grande pedra e refletiu. De repente, ergueu-se:

"*Compaixão! Compaixão* com o *homem superior!*, gritou, e sua face transformou-se em bronze. Vamos lá! Isto – teve seu tempo!

Meu sofrimento e minha compaixão – que importam!

Será então que estou atrás da *felicidade?* Estou atrás da minha *obra!*

Vamos lá! O leão chegou, meus filhos estão perto, Zaratustra está maduro, minha hora chegou:

Esta é a *minha* manhã, o *meu* dia se levanta: *vamos lá, vamos lá, grande meio-dia!"*

Assim falou Zaratustra, e deixou sua caverna, ardente e forte, como um sol da manhã vindo de trás dos montes sombrios.

Friedrich Nietzsche, Assim falou Zaratustra

Compaixão com a natureza?

Na pretensão de ocuparmos um "lugar especial" absoluto, parecemos haver esquecido que nós mesmos somos parte da natureza terrena, submetidos às mesmas leis que todos os demais seres vivos. O mal-entendido se manifesta até mesmo na advertência de termos compaixão com a natureza restante, não humana. O apelo esquece que, em última análise, é da compaixão para conosco mesmos que devemos nos lembrar, se não quisermos interromper a história de nossa geração...

Seria exigido de nós termos compaixão com a natureza? Está bem, como exigência moral a máxima não deve admitir restrições. Mas como expressão da convicção de que a natureza esteja entregue ao nosso beneplácito (em vez de nós ao dela), ela representa o mais tolo orgulho antropocêntrico desde que alguns séculos atrás um punhado de sábios, enfrentando nossa grande resistência, nos libertou da loucura de que seríamos o centro do universo.

Hoimar von Ditfurth

Doença por grande compaixão

Da loucura surgiu o amor, e esta é a razão da minha doença. Desde que todos os seres estão doentes, eu também estou. Quando eles se curarem, eu também estarei curado. E por quê? Um bodhisattva entra no ciclo de nascimento e morte por causa de todos os seres; onde existe nascimento e morte aí também sempre haverá doença. Se todos os seres estivessem livres de doença, o bodhisattva também estaria livre. Quando, por exemplo, adoece o filho único de um milionário, adoecem também os seus pais por preocupação com ele, e quando ele se recupera, os pais também voltam à saúde. Com um bodhisattva também é exatamente assim; ele ama todos os seres como ao seu filho e, enquanto todos os seres estão doentes, ele também está doente e, quando eles saram, ele também sara. Perguntaste-me pela causa de minha doença; a doença de um bodhisattva é causada única e exclusivamente pela grande compaixão.

Vimalakirtinirdesha-Sutra (c. século II dC)

É impossível livrar-se inteiramente da violência

Na vida é impossível evitar a violência inteiramente. A questão surge quando se trata de estabelecer a linha divisória. Esta linha não pode ser a mesma para todo mundo. Embora o princípio seja essencialmente o mesmo, cada um o aplica à sua maneira. O que para um é alimento, pode para outro ser veneno. Para mim comer carne é um pecado. Mas para outra pessoa que sempre se alimentou de carne, e que nunca viu nisso nenhum mal, seria um pecado se o deixasse de fazer unicamente para imitar-me.

Se eu quiser ser um camponês e morar na floresta, não poderei evitar um mínimo de violência para proteger meus campos. Terei que matar macacos, aves e insetos que devoram minha colheita. Se não quiser fazer isso eu mesmo, terei que empregar alguém que cuide disso em meu lugar. Entre um e outro caso não existe grande diferença. Permitir em nome da *ahimsa* [não violência] que os animais devorem a colheita enquanto grassa uma epidemia de fome é certamente um pecado. Mau e bom são conceitos relativos. O que em determinadas circunstâncias é bom, pode em outras circunstâncias diferentes passar a ser mau ou pecaminoso.

Mahatma Gandhi

Adversidades

Mansidão e paciência, estas duas virtudes devem sempre ser conquistadas com adversidades. Se ninguém me fizesse mal algum, como haveria eu de me exercitar nessas virtudes? Se acontecesse, por exemplo, de eu ser chamado "um homem falso", minha doutrina ser tida em conta de nada e de ser-me feita afronta: quem não sentisse dor com isto e quem não me concedesse essa felicidade, também não me seria em nada mais querido, ou mesmo tanto menos eu gostaria dele *(por causa de uma tão falsa compaixão).*

Johannes Tauler

Não existe harmonia perfeita

Apressamo-nos não apenas em expressar nossos bons desejos à pessoa feliz que alcançou um êxito qualquer, mas também em garantir a quem está triste nossa condolência; e parece que a alegria que encontramos no convívio de uma pessoa com quem podemos simpatizar em todos os sentimentos que a animam supera aquela tristeza que nos provoca a visão de sua situação. E vice-versa, sempre é desagradável sentir que não podemos simpatizar com esta pessoa, e em lugar de nos sentirmos alegres por nos havermos libertado da dor da simpatia, molesta-nos perceber que não podemos compartilhar de sua intranquilidade. Quando ouvimos como alguém se queixa em altas vozes sobre sua desgraça e, no entanto, sentimos que, quando nos imaginamos em seu lugar, isto não conseguiria impressionar-nos tanto, então sentimos raiva por sua aflição e, como não podemos compartilhar dela, chamamo-la pusilanimidade e fraqueza. Por outro lado, desperta também nosso aborrecimento ver uma pessoa feliz em demasia, ou, como dizemos, estar de espírito exaltado, por causa de qualquer migalha de felicidade que tenha alcançado. Sua alegria quase que ofende o nosso sentimento, e, porque não conseguimos concordar com ela, chamamo-la de leviandade ou tolice. Sim, chega mesmo a nos tirar o bom humor, quando nosso companheiro se ri de uma piada com mais intensidade ou durante um tempo mais longo do que em nossa opinião ela merece, isto é, por mais tempo do que nós mesmos, segundo nosso sentimento, conseguiríamos rir com ela.

Adam Smith, *Teoria dos sentimentos morais* (1759)

Compaixão: algo de mais elevado e melhor?

Em si a compaixão é a virtude maior. Pois faz parte da compaixão derramar-se sobre os outros e – o que é mais ainda – ajudar a fraqueza dos outros; e precisamente isto é uma coisa de quem se encontra mais elevado. Por isso a compaixão é precisamente atribuída a Deus como característica essencial; e diz-se que nela sua onipotência melhor se manifesta.

Mas, quando vista a partir de quem a pratica, a misericórdia não é a maior das virtudes, a não ser que ele mesmo seja o mais elevado, que não tenha nenhum outro acima de si, mas todos os outros abaixo de si. Pois para quem ainda tem alguém acima de si é maior e melhor unir-se a um mais elevado do que ajudar a deficiência de quem se encontra abaixo de si. Para o homem, portanto, que tem Deus acima de si, o santo amor pelo qual ele se une a Deus é mais do que a compaixão, pela qual ele traz ajuda à miséria do próximo. Mas entre todas as virtudes que se empenham pelo próximo a compaixão é a mais elevada e a mais importante, porque tem também um ato mais elevado; pois ajudar a fraqueza do outro é, em si, algo de mais elevado e melhor.

Tomás de Aquino, Suma teológica

Compaixão e outros sentimentos bem diferentes

Só existe um critério, do qual cada um só toma consciência em sua própria experiência interior, e de uma forma já mais ou menos clara. É o que dizem Aristóteles, Tomás de Aquino e Mandeville: quando os que nos estão mais próximos são atingidos pela desgraça, nós não somos atingidos por compaixão, mas por sentimentos inteiramente diferentes. Mandeville com mais acerto fundamenta este fato, ao se referir ao sentimento que experimentamos à notícia do infortúnio de amigos e pessoas que nos estão próximas. Diz ele: "Isto não é compaixão, mas aflição e cuidado, a mesma coisa que sentimos na morte daqueles que amamos". Isto significa simplesmente que a compaixão não se manifesta na esfera das relações muito pessoais. Pois se trata nesse caso de sentimentos muito mais elementares, como aflição, cuidado, e, podemos ainda acrescentar, medo, tristeza, luto. O retirar a compaixão da esfera do muito pessoal caracteriza-a, pois, como um afeto marcado pela qualidade do impessoal.

Mas como a oposição entre pessoal e impessoal não é contraditória, mas contrária, não se pode traçar um limite exatamente definido. Conforme a relação em que se encontra aquele que manifesta compaixão para com aquele que a solicita, o limite desloca-se na escala da pessoalidade ou impessoalidade do engajamento da compaixão. E só quando o que está em jogo é o inteiramente pessoal é que se torna visível o limite em que a compaixão cede a outros sentimentos. E isto de tal forma que, ao invés, a não ocorrência de compaixão – nesta esfera – marca o limite entre o impessoal e o pessoal. Aristóteles e Tomás de Aquino procuraram explicar e delimitar isto observando que, no caso de alguém que nos esteja próximo, por ser este uma parte de nós mesmos, seu sofrimento é descrito como sofrimento próprio de quem o experimenta, e com isto não mais como compaixão (com sentimento alheio). Mas, como o mostraram as discussões em torno do problema do sofrimento: também aquele que me está mais próximo não é eu mesmo, eu não sofro como ele mesmo, mas tenho "aflição e cuidado" com o seu sofrimento. Aí justamente meu sofrimento é aflição e cuidado, e não o sofrimento dele.

Não é por acaso, pois, que também o limite entre o pessoal e o impessoal, que passa pela esfera do sentimento de compaixão, é mais crassamente visível quando está em jogo o que existe de mais intimamente pessoal, o amor erótico. Um sopro de compaixão apenas, e isto quer dizer a mínima penetração de um fator de impessoalidade, basta para destruí-la. A "só compaixão" é talvez a extrema e também a mais simples expressão da impessoalidade que pode ser designada como a natureza da compaixão. Em sua simplicidade, ela toca o ponto crucial deste afeto, por mais escondido que seja, ao mesmo tempo que esboça com nitidez a categoria do outro, que o estrutura.

Käte Hamburger, A compaixão

 Fontes

I. Uma qualidade única do homem

Eurípides, com sua...: Bruno Snell, *Die Entdeckung des Geistes. Studien zur Entstehung des europäischen Denkens bei den Griechen*, Göttingen: Vandenhoeck & Ruprecht [7]1993, p. 234.

Ouvimos...: Eurípides, *Medeia*, Canto de entrada, v. 132-212. In: Euripides, *Alkestis-Medeia-Hippolytos*, übers. v. E. Buschor, hrsg. v. G.A. Seeck, Munique: Heimeran 1972, p. 99-103.

Levanta os olhos...: Eurípides, *Medeia*, 6. Standlied, v. 1251-1292, l.c., p. 169-171.

Devemos...: Atisha, Lampe für den Weg der Erleuchtung. In: *Bodhipathapradipa, Ein Lehrgedicht*, hrsg. v. H. Eimer – Wiesbaden: Harrassowitz 1978.

Assim procederá...: Metta-Sutta ("Sutta da Bondade"), cit. seg. H.W. Schumann, *Buddhismus*, 4. Aufl. der Neubearbeitung, Munique: Diederichs 1997, p. 109s.

Piedade sem limites...: Arthur Schopenhauer, *Preisschrift über die Grundlage der Moral* (1840). In: *Sämtliche Werke*, Bd. III, Darmstadt: Wissenschaftliche Buchgesellschaft 1974, p. 770.

Ao invés...: Arthur Schopenhauer, l.c., p. 791.

Então duas...: 1º Livro dos Reis 3,16-28, Tradução da Bíblia da Editora Vozes, 18ª edição, 1993, p. 371.

Ahimsa [não violência]...: Mahatma Gandhi, *Handeln aus dem Geist*, ausgewählt und eingeleitet von G. und Th. Sartory, Freiburg: Herder 1977 (Herderbücherei 632), p. 33.

Arrebatavam-me...: Agostinho, *Confissões*, tradução de J. Oliveira Santos e A. Ambrósio de Pina, Livro III, cap. 2. Coleção Os Pensadores, São Paulo, Abril Cultural, p. 41-43.

205

Compaixão é...: Thomas von Aquin, *Summa theologiae* II-II, q. 30 a. 1, ad 2, Dt. Thomas-Ausgabe, vol. 17 A, Heidelberg u.a.: Gemeinschaftsverlag Kerle und Styria 1959, p. 225.

Compaixão significa...: Thomas von Aquin, *Summa theologiae* II-II, q. 30 a. l, ad 2, l.c., p. 231s.

Como são grandes...: Adam Smith, *Theorie der ethischen Gefühle* (1759), nach der Auflage letzter Hand und mit Einleitung, Anmerkungen und Registern herausgegeben von Walther Eckstein. Nachdruck der 2. Auflage mit erweiterter Bibliographie von Günter Gawlick (Philosophische Bibliothek Band 200a/b), – Felix Meiner Verlag, Hamburgo 1994, p. 7-8.

Mas não são...: Adam Smith, l.c., p. 4.

Existe...: Johann Baptist Metz, Im Eingedenken fremden Leids. In: ders./J. Reikerstorfer/J. Werbick, *Gottesrede*, Münster-Hamburgo-Londres, LIT 1996, p. 13s.

Pessoalmente...: Dalai-Lama, in: ders., *Zeiten des Friedens*, Freiburg: Herder [5]1998 (Herder/Spektrum 4065), p. 78s.

Embora existam...: Dalai-Lama, em: l.c., p. 79-81.

A compaixão...: Walter Schulz, *Philosophie in der veränderten Welt*, Verlag Günther Neske – J.G. Cotta'sche Buchhandlung Nachfolger GmbH, gegr. 1659, Stuttgart 1972 ([6]1993), p. 749-751.

Na véspera...: Martin Buber, *Die Erzählungen der Chassidim*, Werke, vol. 3, Schriften zum Chassidismus, Munique: Kösel-Schneider 1963, p. 479, – Manesse Verlag, Zürich 1949.

O homem...: Mahatma Gandhi, l.c., p. 110.

Não quero...: Chico Mendes, *Rettet den Regenwald!*, Göttingen: Lamuv 1990, p. 113s.

Só na hora...: Daniil Granin, *Die verlorene Barmherzigkeit*, Freiburg: Herder 1993, p. 79s, 124.

II. Bondade materna e paterna – para todos

Mas não...: Sophokles, *Antigone*, v. 523, zit. n. Bruno Snell, *Die Entdeckung des Geistes*, Göttingen: Vandenhoeck & Rupprecht [7]1993, p. 234.

Os sentimentos...: Dalai-Lama, in: l.c., p. 77s.

Eu fui...: B.G. Ockinga, *Two Ramesside Tombs at El Mashayikh I*, Sydney 1988, p. 31s e 20s, cit. seg. E. Brunner-Traut, Wohltätigkeit und Armenfürsorge im Alten Ägypten. In: *Diakonia* – Biblische Grundlagen und Orientierungen, hrsg. v. G.K. Schäfer u. Th. Strohm, Heidelberg: Winter 1990, p. 32s.

Sou alguém...: M. Lichtheim, *Ancient Egyptian Autobiographies* (Orbis biblicus et orientalis 84), Fribourg/Suíça, University Press 1988, p. 104s.

Quando junto...: Lehre des Amenenemope, cit. seg. l.c., p. 37s.

Serve a teu...: Lehre des Anch-Scheschonki, cit. seg. l.c., p. 40s.

O pai é...: Mircea Eliade, *Geschichte der religiösen Ideen*, Quellentexte, übers. u. hrsg. v. G. Lanczkowski, Freiburg: Herder [3]1997, p. 452.

E teu...: *Koran*, Sure 17,23-26, trad. por A.T. Khoury, cit. seg. *Islam-Lexikon*, Band 3, Freiburg: Herder 1991, p. 841.

Mesmo que...: Buddhas Gleichnis von der Säge. In: *Buddhas Reden*, Majjhimanikaya, Die Sammlung der mittleren Texte des buddhistischen Pali-Kanons, übertragen v. K. Schmidt, Reinbek 1961 (rororo Klassiker), p. 71 – Leimen: Werner Kristkeitz Verlag 1989.

E tomo...: Gustav Mensching, *Buddhistische Geisteswelt*, Wiesbaden: E. Vollmer Verlag, s/d, p. 260s.

E escravos...: Mila ras-pa (1040-1123), tibetscher Mystiker und Dichter. In: Mircea Eliade, l.c., p. 403.

Mas as almas...: Demócrito, in: W. Capelle, *Die Vorsokratiker*, Stuttgart: Kröner 1968, Nr. 133.

Não devemos...: Demócrito, l.c., Nr. 215.

Não temais...: Jeremias 42,11s, tradução da Bíblia da Editora Vozes, l.c., p. 1001.

E acrescentou...: Lucas 15,11-32, tradução da Bíblia da Editora Vozes, l.c., p. 1257s.

Por mais...: Adam Smith, l.c., p. 1-2.

Sim, nós...: Adam Smith, l.c., p. 8-9.

Se nos interrogarmos...: Gerd Theissen, *Die Bibel diakonisch lesen.* In: Diakonie – biblische Grundlagen und Orientierungen, hrsg. v. G.K. Schäfer u. Th. Strohm, Heidelberg: Winter 1990, p. 391.

Ninguém sabe...: Mechthild von Magdeburg, *Das fliessende Licht der Gottheit*, übers. v. M. Schmidt, Stuttgart, Bad Cannstatt: Fromann-Holzboog 1995, p. 171s.

Em magistrais...: A. Gehlen, *Moral und Hypermoral*, Bonn: Athenäum 1969.

Inúmeras pessoas...: *Parlament der Weltreligionen*, Erklärung zum Weltethos, hrsg. v. H. Küng u. K.-J. Kuschel, Erklärung zum Weltethos, Die Deklaration des Parlaments der Weltreligionen, München, Zürich: Piper 1993, p. 29-31.

III. O desejo de salvar todos os seres sensíveis

Dito foi...: Lehrrede Buddhas, Itivuttaka Nr. 27. In: K. Mylius, *Gautama Buddha*, Die vier edlen Wahrheiten, Texte des ursprünglichen Buddhismus, Munique: dtv 2166, 1985, p. 214-216, – Stuttgart: Philipp Reclam jun.

Eis que...: *Aus Buddhas Reden*, Majjhimanikaya, l.c., p. 174s.

Este escrito...: 1. Felsedikt des Maurya-Kaisers Ashoka. In: *Die grossen Felsen-Edikte Ashokas*, hrsg. v. U. Schneider – Wiesbaden, Harrassowitz 1978.

Qualquer...: Dalai-Lama, in: l.c., p. 71-72.

Quando Yudhistira...: Mahabharata VIII (Surargarohana Parva). In: *Das Mahabharata*, Ein altindisches Epos, übers. u. zusammengefasst von Biren Roy, Düsseldorf: Diederichs 1961, cit. seg. H. Halbfas, *Das Welthaus*, Ein religionsgeschichtliches Lesebuch, Stuttgart – Düsseldorf: Calwer/Patmos 1983, p. 189s.

No centro...: Mahatma Gandhi, *Freiheit ohne Gewalt*, Colônia 1968, Jung Indien, Erlenbach, Zürich 1924, zit. n. H. Halbfas, *Das Welthaus*, l.c., p. 185.

No tempo...: I Fioretti de São Francisco de Assis. In: *São Francisco de Assis*, Escritos e biografias de São Francisco de Assis, Crônicas e outros testemunhos do primeiro século franciscano, Petrópolis, Vozes, 1981, p. 1122-1125.

Um jovem...: l.c., p. 1125s.

Como (São Francisco)...: O Espelho da Perfeição. In: l.c., p. 974.

A ética consiste...: Albert Schweitzer, Die Ethik der Ehrfurcht vor dem Leben, in: o mesmo, *Kultur und Ethik*, Munique: C.H. Beck'sche Verlagsbuchhandlung [10]1955 (Beck'sche Reihe Nr. 1150), p. 229-231.

Quanto mais...: Paul W. Taylor, Die Ethik der Achtung gegenüber der Natur. In: *Naturethik*, Grundtexte der gegenwärtigen tier-und ökoethischen Diskussion, hrsg. v. Angelika Krebs – Suhrkamp Verlag Frankfurt a.M. 1997 (stw 1262), p. 111-143, aqui p. 130s.

Não sabemos...: Karl Schmitz-Moormann, *Materie – Leben – Geist*, Evolution als Schöpfung Gottes, Mainz: Matthias Grünewald 1997, p. 151.

Niki, meu gato...: Fridolin Stier, *Vielleicht ist irgendwo Tag*. Freiburg – Heidelberg: Kerle 1981, p. 160.

Longe da...: Lame Deer, *Sioux*, trad. para o alemão por Rudolf Kaiser.

IV. Em harmonia com a natureza

Tu que és...: Oração de um Teton-Dakota antes de escavar a cova de um rato, Gilbore, Prairie Smoke, New York 1929, cit. seg. Werner Müller, *Terra amata*, Stuttgart: Klett-Cotta 1975, p. 9.

Tu exiges...: Discurso do Chefe Smohalla ao Major MacMurray. In: James Mooney, *The Ghost-Dance Religion*, Washington 1896, cit. seg. Werner Müller, *Indianische Welterfahrungen*, Stuttgart: Klett-Cotta 1976 ([5]1992), p. 48.

Não compreendeis...: Walking Buffalo, trad. para o alemão por Rudolf Kaiser.

Tudo que vive...: Canto da Terra dos Dakota, cit. seg. Werner Müller, *Indianische Welterfahrungen*, l.c., p. 62.

Sou eu...: Canto dos índios Ottawa. In: Frederik Hermann, *Die Erde ist unsere Mutter*, Freiburg: Herder 1998 (Herder/Spektrum 4636), p. 95.

Sou alguém...: Oração dos Sioux, trad. para o alemão por Rudolf Kaiser.

A montanha...: Oração dos Navajos, trad. para o alemão por Rudolf Kaiser.

O céu...: Rudolf Kaiser, *Die Erde ist uns heilig*, Freiburg: Herder 1992, p. 75-79.

Cada pedaço...: l.c., p. 83-92.

Creio que...: Walt Whitman, *Hymnen für die Erde*, Frankfurt: Insel 1946, cit. seg. H. Halbfas, l.c., p. 182.

Os brancos...: Indiano, cit. seg. Johann Georg Kohl, *Reisen im Nordwesten der Vereinigten Staaten*, 2. ed., St. Louis 1859.

A Terra...: De um cântico dos Pés Negros, cit. seg. Werner Müller, *Terra amata*, l.c., p. 15.

Aiaia-aia...: Canto de alegria dos esquimós Iglulik. In: F. Hetmann, *Die Erde ist unsere Mutter*, Freiburg, Basel, Wien: Herder/Spektrum 4636, 1998, p. 229.

Ainda hoje...: Frederik Hetmann: *Die Spur der Navahos*, Leben und Geschichte eines indianischen Volkes, Recklinghausen 1969, p. 146, cit. seg. Werner Müller, *Terra amata*, l.c., p. 13s.

Quando o índio...: Antonio Medíz Bollo, *Das Land des Fasans und des Hirsches*, Legenden der Maya, München, Zürich: Manesse im dtv 1992, p. 25s – Manesse Verlag, Zürich 1960.

O lépido...: l.c., p. 238s.

Altíssimo onipotente...: O Cântico do Irmão Sol. In: *São Francisco de Assis*, l.c., p. 70-72.

Como Francisco...: O Espelho da Perfeição. In: *São Francisco de Assis*, l.c., p. 978.

Nós os povos...: Zweiter Nationalkongress des Conselho Nacional dos Seringueiros (CNS) 1989 in Rio Branco/Brasilien, Chico Mendes, l.c., p. 131.

Que é...: Matthew Fox, *Schöpfungsspiritualität*, Stuttgart: Kreuz Verlag 1993, p. 43s.

A espiritualidade...: l.c. p. 52s.

Quando velejo...: Klaus Michael Meyer-Abich, *Aufstand für die Natur*, München-Wien: Hanser 1990, p. 81s.

V. Origens e motivos

Vós, conselheiros...: Homero, *Odisseia*. Tradução em versos de Carlos Alberto Nunes, São Paulo, Editora Tecnoprint, s/d, p. 146.

O nobre...: Konfuzius, *Konfuzianische Bildung und Bildwelt*, ausgewählt u. übertragen von V. Contag, Zürich, Stuttgart: Artemis 1964, p. 7, 39.

Não poder...: Aus den Gesprächen des Meng Tzu (372-289 v. Chr.), l.c., p. 47s.

Embora o sentimento...: Kommentar zu Meng Tzu von Chu Hsi, l.c., p. 48-50.

Pequenos benefícios...: Demócrito, *Die Fragmente der Vorsokratiker*, griech. u. deutsch von Hermann Diels, hrsg. v. Walther Kranz, vol. II, Zürich: Weidmann ⁶1952, Nr. 94, 96, 255, 256.

O próximo foi...: Hermann Cohen, *Religion der Vernunft aus den Quellen des Judentums* (1929), Darmstadt: J. Melzer, Lizenzausgabe für Fourier Verlag ³1995, p. 168s.

Assim ocorreu...: *Legenda aurea*. Das Leben der Heiligen, hrsg. v. Erich Weidinger, Aschaffenburg: Pattloch 1986, p. 466.

Agostinho diz...: Tomás de Aquino, *Summa theologiae* II-II, q. 30 a. 1, c. Dt. Thomas-Ausgabe, vol. 17 A, l.c., p. 223.

Pois o verdadeiro...: Tomás de Aquino, *Summa theologiae* I-II, q. 35 a. 8, c., Dt. Thomas-Ausgabe, vol. 10, l.c., p. 246.

Como não...: Adam Smith, l.c., p. 2-4.

Em muitos casos...: l.c., p. 5-7.

A 8 de abril...: R. Safranski, Hoch auf dem Berg und – entronnen! Schopenhauers besseres Bewusstsein: Ekstase des Sehens. In: *Lutherische Monatshefte* 28/1989, p. 267s.

Como é possível...: Arthur Schopenhauer, l.c., p. 740s.

O segundo grau...: l.c., p. 760s.

Todo benefício...: l.c., p. 810s.

O que importa...: Hans Jonas, *Das Prinzip Verantwortung*: Versuch einer Ethik für die technologische Zivilisation – Insel Verlag Frankfurt a.M. 1979, p. 35s, 92, 170s.

Crianças...: Thomas Mokrusch, Untersuchungen zur frühesten Entwicklung des Mitleids, Medizinische Dissertation Erlangen – Nürnberg 1983, p. 46.

VI. Intenção e ação

Todo mundo...: Lao-tzu: *Tao-te-king*, Das Buch von Sinn und Leben, Spruch 67, übers. u. mit e. Kommentar, hrsg. v. Richard. Wilhelm, erw. Neuausgabe, Colônia: Diederichs 1986, p. 110.

Assim eu...: Buddhas Lehrrede vom Heil (Mangala Sutta). In: K. Mylius, l.c., p. 207-209.

Existem quatro...: Nyanatiloka, Buddhistisches Wörterbuch, Konstanz 1976, p. 53, cit. seg. *Lexikon der östlichen Weisheitslehren*, Bern, München, Wien: Scherz 1986, p. 51.

Existe, pois...: Platon, *Der Staat*, übersetzt von August Horneffer, Nachdruck der 10. Auflage 1982, Stuttgart: Alfred Kröner Verlag, Kröners Taschenausgabe, vol. III, p. 164s.

Tudo isso...: Platão, O Banquete. In: Platão, *Diálogos*. O Banquete – Fédon – Sofista – Político, Tradução de José Cavalcante de Souza, São Paulo, Abril S.A. Cultural, p. 38s.

O Rabi...: Martin Buber, l.c., p. 479.

As virtudes...: Mahatma Gandhi, *Handeln aus dem Geist*, l.c., p. 39.

Em nome...: *Koran*, Sure 107, cit. seg. Rudi Paret, *Der Koran*, Band I: Übersetzung, Stuttgart: Kohlhammer [7]1996, p. 438.

Tendo Jesus...: Marcos 10,17-22. Tradução da Bíblia da Editora Vozes, l.c., p. 1225s.

Se viesses...: Roger Schutz, *Die Quellen von Taizé*, bearb. Neuausg. Freiburg, Basel, Wien: Herder, p. 86s.

Como se sentem...: Adam Smith, l.c., p. 11-12.

O que determina...: Gotthold Ephraim Lessing, Carta a Nicolai em novembro de 1756, cit. seg. Vom Nutzen und Nachteil des Mitleids, hrsg. v. U. Kronauer, Frankfurt a.M.: Keip Verlag 1990, p. 73s.

Podemos definir...: Erich Fromm, *Haben oder Sein*, München: dtv 1979, – der deutschen Ausgabe 1976 Deutsche Verlags-Anstalt GmbH Stuttgart, p. 177s.

Na mesma medida...: Dorothee Sölle, *Leiden*, Zürich: Kreuz 1973, cit. seg. Leben ist mehr, hrsg. v. R. Walter, Freiburg: Herder 1995 (Herder/Spektrum 4360), p. 214s.

Anos atrás...: Adolf Holl, *Mitleid*: Plädoyer für ein unzeitgemässes Gefühl, Reinbek: Rowohlt 1990, p. 15s – beim Autor.

VII. Em nome do Deus misericórdia, do Deus compaixão

Em nome de Deus...: *Corão*, Sure 1, trad. para o alemão por A. Th. Khoury, cit. seg. *Islam-Lexikon*, l.c., p. 771.

E quando...: *Corão*, Sure 6, 65, l.c., p. 809.

Olha os vestígios...: *Corão*, Sure 30, 50, l.c., p. 872.

Moisés invocou...: Êxodo 34,5-7 Tradução da Bíblia da Editora Vozes, l.c., p. 117.

Vós sabeis...: Epístola de Tiago 5,11. Tradução da Bíblia da Editora Vozes, l.c., p. 1434.

O Senhor é benigno...: Salmo 116,5-8, l.c., p. 737.

Deus acompanha...: Elie Wiesel, Der Mitleidende, in: *Die hundert Namen Gottes*, hrsg. v. R. Walter, Freiburg: Herder 1985, p. 70-74.

Pode uma mulher...: Isaías 49,15. Tradução da Bíblia da Editora Vozes, l.c., p. 937.

Quando Israel...: Oseias 11,1-9, l.c., p. 1120s.

Não maltrates...: Êxodo 22,20-26, l.c., p. 105.

O que deve...: Erik Hornung, *Das Totenbuch der Ägypter*, Zürich, München: Artemis & Winkler 1979, p. 233s, 240, © Artemis & Winkler Verlag, Düsseldorf – Zürich 1998.

Bem cuidados...: *Da Doutrina para o Rei Merikarê* (c. 2000 aC), cit. seg. E. Brunner Traut, l.c., p. 28s.

Diz-lhe Nausícaa...: Homero, *Odisseia*, 6º Canto, v. 186s, l.c., p. 112.

Ouvi, filhos...: Lobpreis des Avalokiteshvara, Gustav Mensching. In: *Buddhistische Geisteswelt*, Wiesbaden: E. Vollmer Verlag, s/d, p. 252.

Entre todos...: l.c., p. 261s, 269.

Quando, pois...: L.A. Govinda, zit. n. Peter Michel, *Das Weltbild des Yoga-Meisters*, Munique: Aquamarin 1982, p. 240.

A santa...: Apocalipse da Mãe do Senhor, apócrifo, séc. IX, Rússia, cit. seg. L. Boff, *Am Rand des Himmels*, Düsseldorf: Patmos 1997, p. 78-80.

Pois por mais...: Mahatma Gandhi, l.c., p. 40s.

Oh! Sol...: Oração dos Sioux no nascimento de uma criança, Alice Cunningham Fletcher e Francis La Flesche: The Omaha Tribe, Washington 1911, cit. seg. Werner Müller, *Terra amata*, l.c., p. 10s.

Por isso...: Hildegard von Bingen, *Liber vitae meritorum* I 93 (CC 90), übers. v. Viki Ranft, Durch Mitwirken antworten. In: *Hildegard von Bingen*, Freiburg: Herder 1997, aqui 253.

Aproximou-se...: Marcos 1,40-42, Tradução da Bíblia da Editora Vozes, l.c., p. 1215.

O sentido...: Unsere Hoffnung, Ein Bekenntnis zum Glauben in dieser Zeit. In: *Gemeinsame Synode der Bistümer in der Bundesrepublik Deutschland*, Beschlüsse der Vollversammlung, Offizielle Gesamtausgabe I, Freiburg: Herder 1976, p. 89s.

VIII. Sede compassivos como vosso Criador

Não te vingues...: Levítico 19,18, l.c., p. 144,

Ouve, Israel...: Deuteronômio 6,4s, l.c., p. 205s.

Pela compaixão...: Hermann Cohen, l.c., p. 169-171.

O Rabi Mosche Löb...: Martin Buber, l.c., p. 516.

Ao Rabi Naum...: Martin Buber, l.c., p. 516.

Uma vez...: Martin Buber, l.c., p. 477.

O Sasower...: ibid.

Finalmente...: 1ª Epístola de Pedro 3,8s, Epístola aos Hebreus 4,15s, Lucas 6,36. Tradução da Bíblia da Editora Vozes, l.c., p. 1437, 1421, 1245.

Esta recomendação...: Matthew Fox, l.c., p. 38s.

Quando o Filho...: Mateus 25,31-46. Tradução da Bíblia da Editora Vozes, l.c., p. 1207.

Levantou-se...: Lucas 10,25-37, l.c., p. 1251s.

O samaritano...: Gerd Theissen, l.c., p. 376-401, aqui 382.

A narrativa clássica...: Gerd Theissen, l.c., p. 383.

O primeiro olhar...: Johann Baptist Metz, *Im Eingedenken fremden Leids*, l.c., p. 11s.

A capacidade...: Dorothee Sölle, *Leiden*, Zürich: Kreuz 1973, cit. seg. *Leben ist mehr*, l.c., p. 219s.

Para mim...: Heinz Zahrnt, Der Gnädige und Barmherzige. In: *Die hundert Namen Gottes*, l.c., p. 99s.

Penélope: Homero, *Odisseia*, 19º Canto, v. 328s, l.c., p. 321.

Não-violência...: Yoga Sutra II, 30-35, Patanjali, *Die Wurzeln des Yoga*, hrsg. v. B. Bäumer, © by Scherz Verlag, Bern, München, Wien, für den Otto Vilhelm Barth Verlag ⁴1982, p. 119s.

No início...: *Quellen des Yoga*, Klassische Texte der Körper-und Geistesschule, hrsg., übers. u. komm. von H. Weiss, Bern, München, Wien: Scherz/Barth 1986, p. 112s, © beim Autor.

Enquanto houver...: Yogananda, zit. n. Peter Michel, *Das Weltbild des Yoga-Meisters*, München: Aquamarin 1982, p. 237s.

Se buscais...: Vivekananda, zit n. l.c., p. 232s.

Deus conduz...: Mechthild von Magdeburg, *Das fliessende Licht der Gottheit*, übers. v. M. Schmidt, Stuttgart, Bad Cannstatt: Frommann-Holzboog 1995, p. 23.

Foi assim...: *Francisco de Assis*, Testamento, Francisco de Assis, l.c., p. 167.

Ele, que tinha...: Tomás de Celano, Vida II, l.c., p. 293s.

Advertia também...: Legenda dos três companheiros, l.c., p. 687.

Se alguém...: Regra não bulada 2,1-4, l.c., p. 140s.

A ajuda...: Gerd Theissen, l.c., p. 394.

IX. Tende compaixão

Na verdade...: Friedrich Nietzsche, *Also sprach Zarathustra*, Munique: Goldmann (Nr. 403) s/d, p. 67.

Mas se tiveres...: l.c., p. 69.

E mais uma vez...: l.c., p. 252.

Na pretensão...: Hoimar von Ditfurth, Einführung. In: *Im Bann der Natur*, Christlicher Glaube in moderner Gesellschaft, Quellenband 2, erarb. von H. v. Ditfurth und R. Walter, Freiburg: Herder 1985, p. 22s.

Da loucura...: Vimalakirtinirdesha-Sutra, cit. seg. *Lexikon der östlichen Weisheitslehren*, © by Scherz Verlag, Bern, München, Wien, für den Otto Wilhelm Barth Verlag, 1986, p. 433.

Na vida é...: Mahatma Gandhi, *Handeln aus dem Geist*, l.c., p. 89.

Mansidão e paciência... Johannes Tauler, *Vom gottfrömigen Menschen*, Eine Auswahl seiner Predigten, Stuttgart: Philipp Reclam jun. (Nr. 7871), p. 67.

Apressamo-nos...: Adam Smith, l.c., p. 13-14.

Em si...: Tomás de Aquino, *Summa theologiae* II-II, q. 30 a. 4, c. Dt. Thomas-Ausgabe Bd 17 A, l.c., p. 235s.

Só existe...: Käte Hamburger, *Das Mitleid*, Stuttgart: Klett-Cotta 1985, p. 104s.

Nota da Editora

Aos editores e detentores dos direitos agradecemos pela concessão das licenças de reimpressão. Apesar de cuidadosas pesquisas, em alguns casos não foi possível localizar os detentores dos direitos sobre os textos. Pleitos de honorários permanecem de pé.

❧ Livros de Leonardo Boff

1 – *O Evangelho do Cristo Cósmico*. Petrópolis: Vozes, 1971 [Esgotado – Reeditado pela Record (Rio de Janeiro), 2008].

2 – *Jesus Cristo libertador*. 20. ed. Petrópolis: Vozes, 2009.

3 – *Die Kirche als Sakrament im Horizont der Welterfahrung*. Paderborn: Verlag Bonifacius-Druckerei, 1972 [Esgotado].

4 – *A nossa ressurreição na morte*. 10. ed. Petrópolis: Vozes, 2004.

5 – *Vida para além da morte*. 24. ed. Petrópolis: Vozes, 2009.

6 – *O destino do homem e do mundo*. 11. ed. Petrópolis: Vozes, 2007.

7 – *Atualidade da experiência de Deus*. Petrópolis: Vozes, 1974 [Esgotado – Reeditado sob o título de *Experimentar Deus hoje* pela Verus (Campinas), 2002 (4. ed.)].

8 – *Os sacramentos da vida e a vida dos sacramentos*. 27. ed. Petrópolis: Vozes, 2009.

9 – *A vida religiosa e a Igreja no processo de libertação*. 2. ed. Petrópolis: Vozes/CNBB, 1975 [Esgotado].

10 – *Graça e experiência humana*. 6. ed. Petrópolis: Vozes, 2003.

11 – *Teologia Ao cativeiro e da libertação*. Lisboa: Multinova, 1976 [Reeditado pela Vozes, 1998 (6. ed.)].

12 – *Natal:* a humanidade e a jovialidade de nosso Deus. 7. ed. Petrópolis: Vozes, 2003.

13 – *Eclesiogênese* – As comunidades reinventam a Igreja. 3. ed. Petrópolis: Vozes, 1977 [Reeditado pela Record (Rio de Janeiro), 2008].

14 – *Paixão de Cristo, paixão do mundo.* 6. ed. Petrópolis: Vozes, 2007.

15 – *A fé na periferia do mundo.* 5. ed. Petrópolis: Vozes, 1991 [Esgotado].

16 – *Via-sacra da justiça.* 4. ed. Petrópolis: Vozes, 1978 [Esgotado].

17 – *O rosto materno de Deus.* 10. ed. Petrópolis: Vozes, 2008.

18 – O *Pai-nosso* – A oração da libertação integral. 12. ed. Petrópolis: Vozes, 2009.

19 – *Da libertação* – O teológico das libertações sócio-históricas. 4. ed. Petrópolis: Vozes, 1976 [Esgotado].

20 – *O caminhar da Igreja com os oprimidos.* Rio de Janeiro: Codecri, 1980 [Esgotado – Reeditado pela Vozes (Petrópolis), 1998 (2. ed.)].

21 – *A Ave-Maria* – O feminino e o Espírito Santo. 9. ed. Petrópolis: Vozes, 2009.

22 – *Libertar para a comunhão e participação.* Rio de Janeiro: CRB, 1980 [Esgotado].

23 – *Igreja carisma e poder.* Petrópolis: Vozes, 1981 [Reedição ampliada pela Ática (Rio de Janeiro), 1994 e pela Record (Rio de Janeiro), 2005].

24 – *Vida segundo o Espírito*. Petrópolis: Vozes, 1981 [Reedição modificada pela Verus (Campinas), 2002, sob o título de *Crise, oportunidade de crescimento* (3. ed.)].

25 – *Francisco de Assis* – Ternura e vigor. 12. ed. Petrópolis: Vozes, 2009.

26 – *Via-sacra da ressurreição*. Petrópolis: Vozes, 1982 [Reedição pela Verus (Campinas), 2003, sob o título de *Via-sacra para quem quer viver* (2. ed.)].

27 – *Mestre Eckhart*: a mística do ser e do não ter. Petrópolis: Vozes. [Reedição sob o título de *O livro da Divina Consolação*. 6. ed. Petrópolis: Vozes, 2006].

28 – *Do lugar do pobre*. 3. ed. Petrópolis: Vozes, 1984 [Reedição pela Verus (Campinas), 2003, sob o título de *Ética e eco-espiritualidade* (2. ed.) e *Novas formas da Igreja*: o futuro de um povo a caminho (2. ed.)].

29 – *Teologia à escuta do povo*. Petrópolis: Vozes, 1984 [Esgotado].

30 – *Como pregar a cruz hoje numa sociedade de crucificados*. Petrópolis: Vozes, 1984 [Reedição pela Verus (Campinas), 2004, sob o título de *A cruz nossa de cada dia* (2. ed.)].

31 – *Teologia da libertação no debate atual*. Petrópolis: Vozes, 1985 [Esgotado].

32 – *Francisco de Assis*. Homem do paraíso. 4. ed. Petrópolis: Vozes, 1999.

33 – *A trindade, a sociedade e a libertação*. 5. ed. Petrópolis: Vozes, 1999.

34 – *E a Igreja se fez povo*. Petrópolis: Vozes, 1986 [Reedição pela Verus (Campinas), 2004, sob o título de *Ética e eco-es-*

piritualidade (2. ed.), e *Novas formas da Igreja*: o futuro de um povo a caminho (2. ed.)].

35 – *Como fazer Teologia da Libertação?* 9. ed. Petrópolis: Vozes, 2007.

36 – *Die befreiende Botschaft*. Freiburg: Herder, 1987.

37 – *A Santíssima Trindade é a melhor comunidade*. 11. ed. Petrópolis: Vozes, 2009.

38 – *Nova evangelização*: a perspectiva dos pobres. 4. ed. Petrópolis: Vozes, 1991 [Esgotado].

39 – *La misión del teólogo en la Iglesia*. Estella: Verbo Divino, 1991.

40 – *Seleção de textos espirituais*. Petrópolis: Vozes, 1991 [Esgotado].

41 – *Seleção de textos militantes*. Petrópolis: Vozes, 1991 [Esgotado].

42 – *Con la libertad del Evangelio*. Madri: Nueva Utopia, 1991.

43 – *América Latina*: da conquista à nova evangelização. São Paulo: Ática, 1992.

44 – *Ecologia, mundialização e espiritualidade*. 2. ed. São Paulo: Ática, 1993 [Reedição pela Record (Rio de Janeiro), 2008].

45 – *Mística e espiritualidade* (com Frei Betto). 4. ed. Rio de Janeiro: Rocco, 1994 [Reedição revista e ampliada pela Garamond (Rio de Janeiro), 2005 (6. ed.)].

46 – *Nova era*: a emergência da consciência planetária. 2. ed. São Paulo: Ática, 1994 [Reedição pela Sextante (Rio de

Janeiro), 2003, sob o título de *Civilização planetária:* desafios à sociedade e ao cristianismo].

47 – *Je m'explique.* Paris: Desclée de Brouwer, 1994.

48 – *Ecologia* – Grito da terra, grito dos pobres. 3. ed. São Paulo: Ática, 1995 [Reedição pela Sextante (Rio de Janeiro), 2004].

49 – *Princípio Terra* – A volta à Terra como pátria comum. São Paulo: Ática, 1995 [Esgotado].

50 – (org.) *Igreja:* entre norte e sul. São Paulo: Ática, 1995 [Esgotado].

51 – A *Teologia da Libertação:* balanços e perspectivas (com José Ramos Regidor e Clodovis Boff). São Paulo: Ática, 1996 [Esgotado].

52 – *Brasa sob cinzas.* 5. ed. Rio de Janeiro: Record, 1996.

53 – A *águia e a galinha:* uma metáfora da condição humana. 47. ed. Petrópolis: Vozes, 2009.

54 – *Espírito na saúde* (com Jean-Yves Leloup, Pierre Weil, Roberto Crema). 7. ed. Petrópolis: Vozes, 2008.

55 – *Os terapeutas do deserto* – De Fílon de Alexandria e Francisco de Assis a Graf Dürckheim (com Jean-Yves Leloup). 12. ed. Petrópolis: Vozes, 2009.

56 – O *despertar da águia:* o dia-bólico e o sim-bólico na construção da realidade. 21. ed. Petrópolis: Vozes, 2009.

57 – *Das Prinzip Mitgefühl* – Texte für eine bessere Zukunft. Freiburg: Herder, 1998.

58 – *Saber cuidar* – Ética do humano, compaixão pela terra. 16. ed. Petrópolis: Vozes, 2009.

59 – *Ética da vida*. 3. ed. Brasília: Letraviva, 1999 [Reedição pela Sextante (Rio de Janeiro), 2005, e pela Record (Rio de Janeiro), 2009].

60 – *A oração de São Francisco*: uma mensagem de paz para o mundo atual. 9. ed. Rio de Janeiro: Sextante, 1999 [Reedição pela Vozes (Petrópolis), 2009].

61 – *Depois de 500 anos*: que Brasil queremos? 3. ed. Petrópolis: Vozes, 2003 [Esgotado].

62 – *Voz do arco-íris*, 2. ed. Brasília: Letraviva, 2000 [Reedição pela Sextante (Rio de Janeiro), 2004].

63 – *Tempo de transcendência* – O ser humano como um projeto infinito. 4. ed. Rio de Janeiro: Sextante, 2000 [Reedição pela Vozes (Petrópolis), 2009].

64 – *Ethos mundial* – Consenso mínimo entre os humanos. 2. ed. Brasília: Letraviva, 2000 [Reedição pela Sextante (Rio de Janeiro), 2003 (2. ed.)].

65 – *Espiritualidade* – Um caminho de transformação. 3. ed. Rio de Janeiro: Sextante, 2001.

66 – *Princípio de compaixão e cuidado* (em colaboração com Werner Müller). 4. ed. Petrópolis: Vozes, 2009.

67 – *Globalização*: desafios socioeconômicos, éticos e educativos. 3. ed. Petrópolis: Vozes, 2002 [Esgotado].

68 – *O casamento entre o céu e a terra* – Contos dos povos indígenas do Brasil. Rio de Janeiro: Salamandra, 2001.

69 – *Fundamentalismo*: a globalização e o futuro da humanidade. Rio de Janeiro: Sextante, 2002 [Esgotado].

70 – (com Rose Marie Muraro) *Feminino e masculino*: uma nova consciência para o encontro das diferenças. 5. ed. Rio de Janeiro: Sextante, 2002 [Esgotado].

71 – *Do iceberg à arca de Noé:* o nascimento de uma ética planetária. 2. ed. Rio de Janeiro: Garamond, 2002.

72 – (com Marco Antônio Miranda) *Terra América:* imagens. Rio de Janeiro: Sextante, 2003 [Esgotado].

73 – *Ética e moral:* a busca dos fundamentos. 4. ed. Petrópolis: Vozes, 2009.

74 – *O Senhor é meu Pastor:* consolo divino para o desamparo humano. 3. ed. Rio de Janeiro: Sextante, 2004 [Reedição pela Vozes (Petrópolis), 2009].

75 – *Responder florindo.* Rio de Janeiro: Garamond, 2004.

76 – *São José:* a personificação do Pai. 2. ed. Campinas: Verus, 2005.

77 – *Virtudes para um outro mundo possível –* Vol. I: Hospitalidade: direito e dever de todos. Petrópolis: Vozes, 2005.

78 – *Virtudes para um outro mundo possível –* Vol. II: Convivência, respeito e tolerância. Petrópolis: Vozes, 2006.

79 – *Virtudes para um outro mundo possível –* Vol. III: Comer e beber juntos e viver em paz. Petrópolis: Vozes, 2006.

80 – *A força da ternura –* Pensamentos para um mundo igualitário, solidário, pleno e amoroso. 3. ed. Rio de Janeiro: Sextante, 2006.

81 – *Ovo da esperança:* o sentido da Festa da Páscoa. Rio de Janeiro: Mar de Ideias, 2007.

82 – (com Lúcia Ribeiro) *Masculino, feminino:* experiências vividas. Rio de Janeiro: Record, 2007.

83 – *Sol da esperança –* Natal: histórias, poesias e símbolos. Rio de Janeiro: Mar de Ideias, 2007.

84 – *Homem:* satã ou anjo bom. Rio de Janeiro: Record, 2008.

85 – (com José Roberto Scolforo) *Mundo eucalipto.* Rio de Janeiro: Mar de Ideias, 2008.

86 – *Opção Terra.* Rio de Janeiro: Record, 2009.

87 – Fundamentalismo, terrorismo, religião e paz. Petrópolis: Vozes, 2009.

88 – Meditação da luz. Petrópolis: Vozes, 2009.

Índice

Sumário, 5

Prefácio à 4ª edição, 7

Prefácio: O princípio com-paixão, 9

I

UMA QUALIDADE ÚNICA DO SER HUMANO

B. Snell: Medeia: uma pessoa torturada, 27

Eurípides: "Ouvi o lamento de triste mulher", 27

Eurípides: "Que tormento enviaste aos homens!", 30

Atisha: Três grupos de pessoas, 32

Meta Suta: Querer bem a todos os seres, 32

A. Schopenhauer: A mais bela oração, 34

A. Schopenhauer: Tomar a peito o sofrimento alheio, 35

1º Livro dos Reis: Amor de mãe, 35

M. Gandhi: A origem de todo agir, 37

Agostinho: Paixão teatral e compaixão verdadeira, 37

Tomás de Aquino: Compaixão e dor, 40

Tomás de Aquino: Uma virtude, 40

A. Smith: Os tormentos de uma mãe, 41

A. Smith: Piedade – Compaixão – Simpatia, 42

J.B. Metz: A autoridade dos que sofrem, 42

Dalai-Lama: Nossa capacidade humana única, 44

Dalai-Lama: Buscar o bem do outro – um hábito do espírito, 45

W. Schulz: A única contraforça, 47

M. Buber: O atraso, 50

M. Gandhi: Buscar a verdade sem violência, 50

225

Ch. Mendes: Nossa luta há de ser sem violência, 51
D. Granin: O que fica, 52

II
BONDADE MATERNA E PATERNA – PARA TODOS
Sófocles: Compartilhar o amor, 55
Dalai-Lama: Em retribuição à bondade materna, 55
Um funcionário da era dos Ramsés: Ama e pastor, 56
Menthuwoser: Pai para os órfãos, 57
Instruções de Amenemés: Honrar o menor, 58
Instruções de Anch-Scheschonki: Serve a teu Deus – serve a teus irmãos, 59
M. Eliade: Princípio da vida familiar asteca, 60
Corão: O direito dos necessitados, 61
Buda: Exercício, 61
Bodhisattva: Votos de Bodhisattva, 62
Mila ras-pa: Piedade com quem não tem conhecimento, 63
Demócrito: Um olhar sobre os que trabalham arduamente, 63
Jeremias: Piedade do poderoso com o fraco, 64
Lucas: O pai bondoso, 64
A. Smith: Até mesmo a pessoa mais grosseira, 66
A. Smith: Simpatia com os mortos, 67
G. Theissen: Transferência, 68
Matilde de Magdeburgo: Três filhos, 69
A. Gehlen: Compaixão para conservação da espécie e suas ampliações, 70
Parlamento das Grandes Religiões: Obrigações (Declaração sobre o Etos Mundial), 72

III
O DESEJO DE SALVAR TODOS OS SERES SENSÍVEIS
Buda: Compassivos no espírito com todos os seres, 75
Buda: Quem mata e come seres vivos, 76

Imperador Açoka: Não matar mais animais, 77
Dalai-Lama: Toda e qualquer criatura, 78
Mahabharata: Sem o meu cão, não, 80
M. Gandhi: Proteger a vaca, 82
Fioretti: Irmão lobo, 83
Fioretti: Irmã rola, 86
Francisco de Assis: Proteger os animais, 87
A. Schweitzer: Respeito a todos os seres vivos, 87
P.W. Taylor: O bem de cada ser vivo, 89
K. Schmitz-Moormann: O sofrimento dos animais, 91
F. Stier: Sofrimento mudo, 92
Lame Deer, Sioux: Falta de atenção, 93

IV
EM HARMONIA COM A NATUREZA

Teton-Dakota: És fraco e no entanto és forte, 95
Chefe Smohalla: Respeito à Mãe Terra, 95
Walking Buffalo: Harmonia com as forças da natureza, 96
Canto dos índios Ottawa: Ligação com a Terra, 96
Sioux: Do espírito divino e da Mãe Terra, 97
Navajos: Parte da natureza, 97
Chefe Seattle: Lágrimas de compaixão pelos ancestrais e
pela terra, 98
Chefe Seattle: A terra é nossa mãe, talvez até sejamos
irmãos e irmãs, 100
W. Whitman: Canto de mim mesmo, 102
Indiano: A terra chora, 103
Cântico dos Pés Pretos: A Terra nos ama, 103
Canto de alegria dos esquimós Iglulik: Vida é gratidão, 103
F. Hetmann: Fraterna união, 104
A.M. Bollo: No abraço da terra, 104
A.M. Bollo: Veado e faisão, 105
Francisco de Assis: Irmão Sol, Irmã Lua, Mãe Terra, 106

Francisco de Assis: Espelho da perfeita empatia com a criação, 108
Segundo Congresso Nacional dos Seringueiros: Manifesto dos povos da mata, 109
M. Fox: História da criação, 110
M. Fox: Espiritualidade da criação, 111
K.M. Meyer-Abich: O próprio mar e a própria terra, 113

V
ORIGENS E MOTIVOS
Homero: Como a um irmão, 115
Confúcio: Por calma e bondade interior, 115
Meng Tzu: Tendência do coração, 116
Chu Hsi: Ser ferido, 118
Demócrito: Fazer o que é necessário, 120
H. Cohen: Fontes históricas, 120
Legenda áurea: Obra de misericórdia de um não batizado, 121
Tomás de Aquino: Motivo para a compaixão, 122
Tomás de Aquino: Compaixão e inveja, 123
A. Smith: Imaginação: fonte de compaixão, 123
A. Smith: Conhecer as causas dos afetos, 125
R. Safranski: A cena primordial da compaixão, 128
A. Schopenhauer: O grande mistério da ética, 129
A. Schopenhauer: O segundo grau da compaixão, 131
A. Schopenhauer: Mística prática, 132
H. Jonas: Sentimento de responsabilidade, 132
Th. Mokrusch: Seis observações sobre o contágio do choro em crianças pequenas, 133

VI
INTENÇÃO E AÇÃO
Lao-tzu: A quem o céu quer salvar, 135
Buda: A suprema salvação, 136
Buda: Quatro coisas sem medida, 137

Platão: O que têm em comum o prazer e a dor, 137
Platão: Por que os animais também amam, 139
M. Buber: Como o Sasower aprendeu o amor, 140
M. Gandhi: Comprovar a autenticidade da virtude, 140
Corão: Prestar ajuda, 141
Marcos: O t esouro no céu, 141
R. Schutz: A misericórdia, 142
A. Smith: Sofrimento compartilhado, 143
G.E. Lessing: O homem melhor é o mais compassivo, 143
E. Fromm: Impiedosa burocracia, 144
D. Sölle: Estupidez sem dor, 145
A. Holl: Lembrando a decepção do Senhor Müller, 146

VII
EM NOME DO DEUS MISERICÓRDIA, DO DEUS
COMPAIXÃO
Corão: O caminho, 149
Corão: O princípio da ação divina, 149
Corão: Os vestígios de sua misericórdia, 150
Êxodo/Epístola de Tiago: Misericordioso e cheio de
compaixão, 150
Salmo 116: Cântico de ação de graças, 151
E. Wiesel: O compassivo, 151
Isaías/Oseias: Compaixão de Javé, 154
Êxodo: "...pois eu sou misericordioso", 155
Livro dos Mortos dos Egípcios: Fazer o bem em consonância
com a ordem do mundo, 156
Doutrina para o Rei Merikarê: Poder para apoiar as costas
do fraco, 157
Homero: Vêm de Zeus os mendigos, 158
Elogio de Avalokiteshvara: Infinita piedade por todos os que
passam necessidade, 159
G. Mensching: Voto de Buda Amitabha, 160

L.A. Govinda: Redenção de todos, 161
Apócrifo: Compaixão da Mãe de Deus, 161
M. Gandhi: Pálido reflexo, 163
Oração dos Sioux: Ao vosso meio chegou nova vida, 164
Hildegarda de Bingen: Dureza de coração, 166
Juliana de Norwich: Sofrer com Jesus, 166
Juliana de Norwich: Jesus nossa mãe, 168
Marcos: Compaixão com o leproso, 170
Sínodo dos Bispos Alemães: Capacidade de ter compaixão, 170

VIII
SEDE COMPASSIVOS COMO VOSSO CRIADOR

Levítico/Deuteronômio: O cerne da Torá, 173
H. Cohen: O verdadeiro sentido do amor religioso, 173
M. Buber: Agir como se Deus não existisse, 175
M. Buber: Que faz o bem aos bons e aos maus, 176
M. Buber: A perturbação, 176
M. Buber: *Imitatio Dei*, 177
Epístola de Pedro/Epístola aos Hebreus/Lucas: Vocação, 177
M. Fox: Sede compassivos como vosso Criador no céu é
compassivo, 178
Mateus: Como o juiz universal há de julgar, 179
Lucas: Quem?, 180
G. Theissen: Ajudar sem saber, 181
G. Theissen: Limites culturais e religiosos, 182
J.B. Metz: Lembrar o sofrimento alheio, 182
D. Sölle: Como acreditar na misericórdia de Deus, 184
G. Zahrnt: O clemente e misericordioso, 184
Homero: Nobre, não grosseiro, 186
Yoga Sutra: Não ofender – Não praticar violência, 186
H. Weiss: O primeiro dos dez mandamentos da ioga, 187
Yogananda: Enquanto houver quem grite por ajuda, 188
Vivekananda: Meditação e vida ativa, 188

Matilde de Magdeburgo: De como suportar os sofrimentos com alegria por amor a Deus, 189
Francisco de Assis: O começo da penitência, 190
Tomás de Celano: Não pouco enjoo e aborrecimento, 190
Francisco de Assis: Reverenciar os senhores como irmãos, 191
Francisco de Assis: Acolher com carinho, 191
G. Theissen: Ser imagem de Deus e ser finito, 192

IX
TENDE COMPAIXÃO
F. Nietzsche: Dos compassivos, 195
F. Nietzsche: Tende compaixão, 195
F. Nietzsche: Da compaixão com o homem superior, 196
H. v. Ditfurth: Compaixão com a natureza?, 197
Vimalakirtinirdesha-Sutra: Doença por grande compaixão, 198
M. Gandhi: É impossível livrar-se inteiramente da violência, 198
J. Tauler: Adversidades, 199
A. Smith: Não existe harmonia perfeita, 199
Tomás de Aquino: Compaixão: algo de mais elevado e melhor?, 200
K. Hamburger: Compaixão e outros sentimentos bem diferentes, 201

Fontes, 205

Livros de Leonardo Boff, 217

CULTURAL

Administração – Antropologia – Biografias
Comunicação – Dinâmicas e Jogos
Ecologia e Meio-Ambiente – Educação e Pedagogia
Filosofia – História – Letras e Literatura
Obras de referência – Política – Psicologia
Saúde e Nutrição – Serviço Social e Trabalho
Sociologia

CATEQUÉTICO PASTORAL

Catequese – Pastoral
Ensino religioso

TEOLÓGICO ESPIRITUAL

Biografias – Devocionários – Espiritualidade e Místi
Espiritualidade Mariana – Franciscanismo
Autoconhecimento – Liturgia – Obras de referênci
Sagrada Escritura e Livros Apócrifos – Teologia

REVISTAS

Concilium – Estudos Bíblicos – Grande Sinal – REB
RIBLA – SEDOC

VOZES NOBILIS

O novo segmento de publicações
da Editora Vozes.

PRODUTOS SAZONAIS

Folhinha do Sagrado Coração de Jesus
Calendário de Mesa do Sagrado Coração de Jesus
Almanaque Santo Antônio – Agendinha
Diário Vozes – Meditações para o dia-a-dia
Guia do Dizimista

CADASTRE-S
www.vozes.com.b

EDITORA VOZES LTDA.
Rua Frei Luís, 100 – Centro – Cep 25.689-900 – Petrópolis, RJ – Tel.: (24) 2233-9000 – Fax: (24) 2231-
E-mail: vendas@vozes.com.br

UNIDADES NO BRASIL: Aparecida, SP – Belo Horizonte, MG – Boa Vista, RR – Brasília, DF – Campinas
Campos dos Goytacazes, RJ – Cuiabá, MT – Curitiba, PR – Florianópolis, SC – Fortaleza, CE – Goiânia,
Juiz de Fora, MG – Londrina, PR – Manaus, AM – Natal, RN – Petrópolis, RJ – Porto Alegre, RS – Recife,
Rio de Janeiro, RJ – Salvador, BA – São Luís, MA – São Paulo, SP
UNIDADE NO EXTERIOR: Lisboa – Portugal